国家自然科学基金项目成果 · 管理科学文库

Models and Methods of Winner Determination Problems in Electronic Reverse Auction

电子逆向拍卖胜者确定问题的模型与方法

钱小虎 黄敏 张庆宇 尹明强 著

中国财经出版传媒集团

经济科学出版社

Economic Science Press

图书在版编目（CIP）数据

电子逆向拍卖胜者确定问题的模型与方法/钱小虎
等著 . —北京：经济科学出版社，2021.10
ISBN 978 - 7 - 5218 - 2966 - 2

Ⅰ. ①电⋯　Ⅱ. ①钱⋯　Ⅲ. ①互联网络 - 应用 - 拍卖
- 研究　Ⅳ. ①F713. 359 - 39

中国版本图书馆 CIP 数据核字（2021）第 208439 号

责任编辑：崔新艳
责任校对：靳玉环
责任印制：范　艳　张佳裕

电子逆向拍卖胜者确定问题的模型与方法

钱小虎　黄　敏　张庆宇　尹明强　著

经济科学出版社出版、发行　新华书店经销

社址：北京市海淀区阜成路甲 28 号　邮编：100142

经管中心电话：010 - 88191335　发行部电话：010 - 88191522

网址：www. esp. com. cn

电子邮箱：expcxy@ 126. com

天猫网店：经济科学出版社旗舰店

网址：http://jjkxcbs. tmall. com

北京季蜂印刷有限公司印装

710×1000　16 开　14 印张　230000 字

2021 年 11 月第 1 版　2021 年 11 月第 1 次印刷

ISBN 978 - 7 - 5218 - 2966 - 2　定价：65. 00 元

国家自然科学基金项目成果·管理科学文库

出版说明

经济科学出版社自 1983 年建社以来一直重视集纳国内外优秀学术成果予以出版。诞生于改革开放发轫时期的经济科学出版社，天然地与改革开放脉搏相通，天然地具有密切关注经济、管理领域前沿成果、倾心展示学界翘楚深刻思想的基因。

改革开放 40 年来，我国不仅在经济建设领域取得了举世瞩目的成就，而且在科研领域也有了长足发展。国家社会科学基金和国家自然科学基金的资助无疑在各学科的基础研究与纵深研究方面发挥了重要作用。

为体系化地展示国家社会科学基金项目取得的成果，在 2018 年改革开放 40 周年之际，我们推出了"国家社科基金项目成果经管文库"，已经并将继续组织相关成果纳入，希望各成果相得益彰，既服务于学科成果的积累传承，又服务于研究者的研读查考。

国家自然科学基金在聚焦基础研究的同时，重视学科的交叉融通，强化知识与应用的融合，"管理科学部"的成果亦体现了相应特点。从 2019 年开始，我们推出"国家自然科学基金项目成果·管理科学文库"，一来向躬耕于管理科学及相关交叉学科的专家致敬，二来完成我们"尽可能全面展示我国管理学前沿成果"的夙愿。

本文库中的图书将陆续与读者见面，欢迎国家自然科学基金管理科学部的项目成果在此文库中呈现，亦仰赖学界前辈、专家学者大力推荐，并敬请给予我们批评、建议，帮助我们出好这套文库。

经济科学出版社经管编辑中心

2019 年 9 月

　　本书是国家自然科学基金重点国际（地区）合作研究项目"'互联网＋'物流供应链管理和运作的理论与方法(71620107003)"和青年科学基金项目"'互联网＋'下基于多销售渠道视角的多属性逆向拍卖机制研究（71801157)"的最终成果。

前言

PREFACE

本书是一本有关电子逆向拍卖胜者确定模型与方法的研究专著。

随着信息技术的飞速发展和全球化市场竞争的日益激烈，传统的采购模式已难以快速响应市场需求、赢得市场竞争。作为一种新的采购模式，电子逆向拍卖成为政府采购和大型企业采购降低成本、提高效率和优化资源的重要战略选择。由于互联网条件下动态开放的运行环境以及复杂易变的用户需求，电子逆向拍卖胜者确定的运行模式有别于传统拍卖，是一系列多阶段、多目标、多因素的复杂决策问题，不仅是采购组织亟待解决的关键问题，也是运营管理与优化的一个重要研究领域。

在国家自然科学基金委员会管理科学部的重点国际（地区）合作研究项目"'互联网+'物流供应链管理和运作的理论与方法"（No. 71620107003）和青年科学基金项目"'互联网+'下基于多销售渠道视角的多属性逆向拍卖机制研究"（No. 71801157）的支持下，本书作者及其课题组自 2012 年以来，针对电子逆向拍卖胜者确定的模型与方法展开深入研究，取得了一系列的研究成果，本书就是这些研究工作的总结。

本书的目的是针对政府和大型企业集团运用电子逆向拍卖进行采购的现实需求，提炼出胜者确定这一关键科学问题，提出系列数学模型与优化算法，为政府和企业采购提供理论依据和决策支持。

本书首先对国内外电子逆向拍卖的研究情况进行综述，然后针对不同场景下的胜者确定问题展开研究，建立了相应的数学模型，并基于问题特征和模型特征设计了求解算法，分析了问题参数和模型参数的影响，给采购组织提供决策依据，最后对未来的研究挑战进行了探讨。

全书共分8章，第1章是导论；第2章是对国内外电子逆向拍卖研究的相关理论进行综述；第3章是对电子逆向拍卖供应商竞拍资格评价问题的一个简单的探讨，依据问题特征开发了相应的多属性决策方法；第4章和第5章在对称信息下分别对单产品和多产品的胜者确定问题展开讨论，构建了考虑供应模式、损失规避、竞标者类型、折扣因素以及组合竞标情景的数学模型，并设计了相应的求解算法；第6章到第8章在不对称信息下分别对考虑单属性和多属性的电子逆向拍卖胜者确定问题进行探讨，提出考虑竞标者特征、折扣因素的双层分布式协商机制；最后是对本书的总结和对未来研究问题的展望。

在写作风格上，作者首先进行问题描述、定义符号，然后建立问题的数学模型并设计模型的求解方法，最后进行数值仿真实验，验证了模型和方法的有效性。本书运用的优化算法主要包括：枚举算法、启发式算法、智能计算方法（蚁群算法、粒子群算法和量子进化算法）等。各章的一些应用问题的数值算例、实例以及一些主要的参考文献都附在本书的最后，供感兴趣的读者查阅。

本书涉及系统工程、管理科学与工程、运筹学、行为经济学、计算科学等多个学科，属于多学科交叉的研究领域。对于相关领域的科研人员、工程管理人员、大专院校的教师、研究生以及高年级的本科生，本书是一本较好的参考书。

本书作者

目 录

CONTENTS

第 8 章　最低报价未知且竞标方决策交货期的胜者确定问题研究 / **164**

第1章 导　　论

随着电子商务的飞速发展，市场竞争日益加剧，产品生命周期越来越短，经济全球化的步伐越来越快，企业正面对越来越严峻的生存环境。面对变化，越来越多的企业意识到降低企业的采购成本是提升企业综合竞争力的有效途径之一，于是它们开始将注意力转向企业与企业（business-to-business，B2B）的电子逆向拍卖。电子逆向拍卖以降低企业成本为基础、对企业外部资源进行优化整合，符合目前的经济、信息全球化趋势，成为越来越多企业的现实选择。由于其自身的便捷性和整合性，电子逆向拍卖为企业采购提供了世界范围内的供应市场，使企业可以在全球范围内寻找有利于企业发展的供应源，降低采购成本、缩短采购周期、降低库存和管理费用，受到了企业采购经理的广泛关注，也逐渐成为国内外学者研究的热点。

1.1　拍卖与电子逆向拍卖

自古以来，拍卖就被用来出售各种物品。据希罗多德（Herodotus）记录，早在公元前 500 年，巴比伦（Babylon）就出现了拍卖方式（Krishna，2009）。此后，拍卖活动在古希腊、古埃及和古罗马逐渐兴起和盛行，拍卖也从传统的奴隶拍卖渗透到社会生活的各个领域，衣服首饰等生活用品和土地所有权等财产都可以通过拍卖进行交易（汪定伟，2014）。与此同时，拍卖方式、拍卖性质和拍卖规模也发生了很大的变化，先后出现了包括自由拍卖、委托拍卖、民间拍卖和政府拍卖等不同的拍卖活动。如今，拍卖逐渐发展成为一种独特的被民众广泛接受的行业，拍卖的物品也在范围和价值上达到了空前的规模。小到烟草、鱼类、鲜花，大到金属废料、金条、艺术品和古董等都可以通过拍卖出售。作为一种市场化的交易机制，拍卖现在已经被广泛地应用于各种不同的行业和领域，如公共事业的债券发行、国家长期证券的销售、伐木权和近海石油开采权等自然资源权力的使用、3G 频谱经营权拍卖等。随着网络技术和信息技术的发展，拍卖基于互联网和计算机发展出一种新的形式，称为网络拍卖。网络拍卖的特点是，网民可以在互联网贴出物品的信息，然后按照普通拍卖规则出售物品。网络拍卖可以让竞标人在任何拍卖持续时间内选择任何便利的时间和地点进行投标，从而打破了地域和时间的限制，极大促进了买卖双方之间的交易。著名的国际网络拍卖公司包括 Onsale、Surplus Auction、WebAuction和 Ubid 等外国公司，著名的网络拍卖交易平台包括易趣网（eBay）、亚马逊（Amazon）等，国内的淘宝网、京东商城等网上零售交易平台也能提供网络拍卖服务。

逆向拍卖是拍卖的逆向形式，其中"逆向"主要体现在竞标人是卖方且随着拍卖的进行价格降低而不是上涨（Jap，2007）。逆向拍卖作为一种能降低采购成本、提高采购效率的工具，是政府和企业优化资源的重要战略选择。逆向拍卖打破了传统的产品定价和库存管理模式，实现了通过竞争性投标的方式决定产品定价和资源分配，是企业提高运营效率和加强成本控制的一种有效手段，能使企业保持竞争优势。逆向拍卖的应用范围非常广泛，包括政府国防武器系统的采购（Che，1993）、物流运输服务采购（Sheffi，2004）、制造企业的零部件采购（Chaturvedi et al.，2014；Teich et al.，2006）、工程招标（Tunca et al.，2014）、零售商的库存管理（Chen，2007）、食物原材料采购（Wan and Beil，2009）等各种不同的领域，涉及的行业包括航空航天、汽车制造、飞机制造、工程建设、国防装备、机械电子等（Beall et al.，2003；Emil-iani and Stec，2004；Standaert et al.，2015）。逆向拍卖与网络技术和现代信息技术系统相结合，产生了一种新的基于数据电文的无纸化的招投标形式，即电子逆向拍卖（electronic reverse auction）。电子逆向拍卖是一个采购组织和一组预先审核合格的供应商之间的在线实时动态拍卖系统。采购组织明确规定产品或服务的设计、质量、数量、交货期等相关条款，供应商必须在规定的时间内通过连续降价投标来赢得向采购组织提供产品或服务的合同。通俗地讲，电子逆向拍卖是一种采购谈判工具。采购方通过网络描述待采购产品的规格说明，并公开向供应商发布采购需求，有意向的供应商相互竞争，通过在线支持系统向采购商提出各自的报价，采购商按照一定的交易规则（如第一价格封标拍卖、英式拍卖等）选择合适的供应商，从而最大化自己的利益或最大化社会福利。电子逆向拍卖有利于降低招投标成本、提高招投标效率和预防腐败。著名的逆向拍卖网站包括 Ariba、CommerceOne、Covisint、eBreviate、FreeMarkets、Moai Technologies、Orbis Online、Procuri、PurchasePro、Cordiem、Exostar 等国外网站和中国政府采购平台等。

下面介绍逆向拍卖在几个不同行业中的应用（Beall et al.，2003）。

1. 制药行业

葛兰素史克公司（GlaxoSmithKline，简称 GSK）由葛兰素威康（Glaxo Wellcome）和史克必成（SmithKline）于 2000 年合并而成，总部位于英国伦敦布伦特福德，业务分布在 115 个国家。GSK 是一家以科学为导向的全球医药保健公司，公司产品覆盖抗感染、中枢神经系统、呼吸和胃肠道（代谢）医疗领域。GSK 2015 年总的营业额为 239 亿英镑，总营业利润为 103 亿英镑。GSK 早在 1999 年就开始使用在线逆向拍卖进行采购，在 1999 年至 2002 年共举办了 190 次逆向拍卖，涉及采购金额 9.12 亿美元，与历史采购费用相比，节约了 1.65 亿美元，占总采购费用的 18%。GSK 认为采用在线逆向拍卖进行采购可以实时地实现供需平衡，对供应基地（Supply Base）是有利的，因为只有最好的供应商才能在这种竞争环境中生存下来。在线逆向拍卖可以降低采购成本、提高采购效率、精益采购流程并促进创新，为企业采购部门带来了新的契机。

2. 工程建设行业

柏克德公司（Bechtel）始创于 1898 年，总部位于美国加利福尼亚州旧金山市，已经在全球 160 多个国家完成了超过 2.5 万个项目。柏克德公司是一家具有国际一流水平的工程建设公司，业务范围涉及航空航天、轨道交通、石油化工、管道和水利工程等基础设施建设领域。柏克德公司 2015 年总的收入为 323 亿美元，新签项目规模达 215 亿美元。柏克德公司在 1999 年至 2002 年共举办了 471 次逆向拍卖，其中 90% 的逆向拍卖可以节省 1%～20% 的采购费用，平均降低采购费用超过 10%。柏克德公司认为逆向拍卖通过竞标人之间的竞争性投标可以降低市场价格、减少原材料、设备和服务的成本、节约协商时间。由于工程建设项目通常是时间和调度驱动的，因此逆向拍卖可以辅助地保持项目的执行时间。逆向拍卖不仅能产生直接的经济利益，同时也能提供间接的非经济利益，因此逆向拍卖已成为柏克德公司一个重要的采购策略。

　　3. 制造行业

　　大众汽车（Volkswagen）始创于 1937 年，是一家总部位于德国沃尔夫斯堡的汽车制造公司。大众汽车 2015 年销售车辆超过一千万辆，总的销售收入为 2133 亿欧元。大众汽车在 1999 年至 2002 年共举办了 1900 次逆向拍卖，涉及采购金额达 228 亿欧元。大众汽车使用逆向拍卖的主要目的是提高采购效率而非直接的经济利益。它认为在线逆向拍卖可以采购定义明确的产品，因而可以被用于进行全球采购。

　　作为一种新的采购工具，电子逆向拍卖打破了传统的库存管理模式和产品定价模式，实现了通过竞争机制来确定产品价格和资源分配的方式，是传统产业加强成本控制、提高运营效率的有效手段，避免了资源浪费。它为跨国公司战略采购注入了新的活力，同时也为我国产业结构调整提供了一种有益的选择，使采购不再受到地域的限制，让企业在全球范围内寻找具有竞争力的供应商，使企业保持竞争优势，并能持续提高企业的采购效率（Beall S et al.，2003；汪定伟，2014）。

　　电子逆向拍卖的出现为企业发展提供了全新的拓展空间。第一，电子逆向拍卖作为一种新的采购方式，在许多经济领域发挥着作用。越来越多的政府和大型企业集团开始使用电子逆向拍卖进行网上采购，这样可以降低采购成本，缩短企业的采购周期，使资源更有效地在企业间进行分配。电子逆向拍卖作为电子商务的一个重要的领域，应用日益广泛，在国民经济中发挥着重要的作用。第二，随着全球化的进程，在全球范围内寻找更好的供应源已成为企业运营战略的重要组成部分。而电子逆向拍卖可以连接世界各地的供应商，并可以进行在线实时协商、节省时间，方便企业或政府在一群供应商中选择最合适的供应商。第三，对电子逆向拍卖的理论与方法的研究也日益活跃。一些数据表明，逆向拍卖已经成为学术界和商业界广泛关注的一个主题。鉴于电子逆向拍卖在学术研究中被关注的普遍性和在国民经济中的重要地位，对这一主题开展研究既有很高的学术价值，更有重要的应用意义。同时，由于组织、使用电子逆向拍卖的费用的不确定性，并不是所有使用电子逆向拍卖的企业都能获得预期的收益。因此，使用电子逆向拍卖应考虑哪些费用、如何为采购组织选择合适的合作伙伴（胜标者）、怎样为企业（或政府）采购提供决策支持是当前研究迫切需要回答的问题。本书在查阅相关文献的基础上主要针对电子逆向拍卖中政府和企业面临的胜者确定这一关键问题进行研究，引导政府和企业正确地使用电子逆向拍卖，从而获得更多的经济效益。下面就国内外相关研究进行综述。

1.2　国内外研究现状

出现于 20 世纪 90 年代中期，电子逆向拍卖已经对企业从现有供应商和潜在供应商那里采购产品或服务产生了深远的影响（Beall et al.，2003）。电子逆向拍卖的概念是由比尔（Beall）等首先提出来的，其基本思想是一个采购组织和一组预先审核合格的供应商之间的一个在线实时的动态拍卖系统，供应商为了向买方供应已经明确规定了设计规格、质量、数量、交货期等相关条件的商品或服务而相互竞争，这些供应商必须在规定的时间内通过连续降价投标来赢得买方的合同，通常竞拍时间只有一小时左右，但是如果时间到了，投标活动依然活跃，也可以继续延长时间。电子逆向拍卖是一种定价方式，通常始于产品规格说明，止于合同签约。具体步骤如图 1-1 所示（Caniëls and Raaij，2009；Carter and Stevens，2007）。

图 1-1　电子逆向拍卖的基本步骤

由于电子逆向拍卖本身的局限性，它不可能完全替代传统的定价方式。在文献中提到，适合使用电子逆向拍卖的条件为：待采购的产品或服务可以被清晰地描述；有较低的转换成本；供应商之间有足够的竞争力；待采购产品或服务的价值比较大（Wagner and Schwab，2004；Emiliani and Stec，2004）。因此，在不满足上述条件的情况下，通常使用传统的定价方式。

对于采购商来说，电子逆向拍卖的优点包括：增加了供应商之间的竞争；克服了地域限制；采购商可以在全球范围内寻找供应源；缩短了采购周期；降低了采购成本和管理费；标准化的采购过程以及提高采购的效率等（Gumussoy and Calisir, 2009；Hur et al.，2007；Bandyopadhyay et al.，2006）。对于供应商而言，电子逆向拍卖的优点包括：降低开拓新市场的成本；减少投标和胜标的时间；改善产品生产计划和库存管理状况；通过观察投标过程中其他竞标者的信息更准确地了解市场信息（Amelinckx et al.，2008；Cheng，2008）。此外，电子逆向拍卖还能增加市场透明度，优化资源配置。

同时，电子逆向拍卖也存在着一些缺点，其中最主要的缺点就是损害采购商和供应商的关系，供应商往往认为采购商使用电子逆向拍卖是为了增加投机性。在这种情况下，应标的供应商就会相对减少，从而导致那些提供低质量产品的供应商以低价成交而获益。如果电子逆向拍卖过多地关注采购成本的降低，那么采购商就会忽略供应商在产品质量、创新能力以及服务等方面的差异（Hur et al.，2007；Cheng，2008）。电子逆向拍卖其他的一些缺点包括资源利用不充分、不道德行为、投机行为、强迫性、不合作等。

此外，电子逆向拍卖还存在着潜在的风险（Daly and Nath，2005）。

1. 道德风险

道德风险是 20 世纪 80 年代西方经济学家提出的一个经济哲学范畴的概念，即从事经济活动的人在最大限度地增进自身效用的同时做出不利于他人的行动。电子逆向拍卖中的道德风险主要包括：（1）买方通过电子逆向拍卖故意压低成交价格，使其低于市场价格；（2）买方假装是供应商而参与竞标，从而故意压低价格；（3）买方允许审核未通过的供应商参与竞标；（4）供应商的共谋行为，包括供应商全体退出竞标、衬托式投标、轮流报价投标等；（5）供应商为了赢得合同而投出低于其真实价格的标书；（6）供应商胜标后故意改变订单而支付相应的赔偿；（7）供应商只是为了获取市场信息而参与投标；（8）供应商不能按照合同规定的属性提供商品或服务；（9）投标结束后，另一个供应商以更低的价格投标并最终赢得合同，进而违背买方和供应商的初衷；（10）恶性竞价使得供应商被迫压缩利润空间。

2. 成本风险

成本风险是指买方因未能充分估计采购过程中的不确定性因素，实际所获得的成本节约少于预期。这就可能导致买方蒙受损失，包括直接损失和间接损失。其中直接损失包括：买方综合考虑之后没有选择最低报价；逆向拍卖结束后市场价格的下降；买方没有全部采购逆向拍卖中报价最低的产品等。间接损失包括：由于质量问题导致的顾客不满、潜在的销售损失、交货延误引起的损失等。

3. 信任风险

逆向拍卖带来的剧烈成本缩减会导致利益相关者忘记通过合作降低成本的重要性，从而致使他们的商业合作分裂。供应商们除了感觉自己的利润空间会被压缩外，还会有一种对买方不信任的感觉。他们担心买方在背后操纵拍卖进程、自己的商业情报有可能在拍卖进程中泄露、由于信息不对称导致的非公平竞价等。

4. 垄断风险

逆向拍卖可能会导致垄断的产生，强者愈强、弱者愈弱，最终会导致供应市场的不稳定。此外，随着垄断市场的逐渐建立，供应商会凭借自身优势制约和要挟买方，迫使供应价格大幅提高，从而攫取超额利润。

5. 赢者诅咒

赢者诅咒是指在拍卖中由于激烈竞价导致商品或服务的成交价格过低，从而导致供应商无法按照合同规定的条件进行供货。

为了充分利用电子逆向拍卖的优点，已有研究给出四点建议（Daly and Nath，2005）：（1）考虑除价格外的其他非价格属性，包括质量、交货期、可靠性、增值服务等，即考虑多属性拍卖机制；（2）对非战略性的产品采用逆向拍卖；（3）了解拍卖中的隐性成本（hidden cost），包括潜在的成本转移、由于误判或疏忽等原因导致将来成本的增大、结构性失真成本；（4）遵守黄金法则（golden rule），即不要在价格上过度压榨供应商，而应保证"双赢"结果。

电子逆向拍卖中各决策者面临的主要问题包括供应方的投标决策和采购方的胜者确定决策，如图 1 - 2 所示（Cheng，2008）。投标决策是供应方根据自己的成本信息以及其他供应方的期望成本信息，构建投标决策模型，确定投标方案，以最大化供应方的利润。胜者确定决策是采购方根据供应方的投标信息构建胜者确定模型，确定胜标供应方，以最大化采购方的利润。

有关逆向拍卖胜者确定问题的研究主要集中在四个方面。

1. 基本逆向拍卖胜者确定方法

国内外学者在这一方面做了大量的研究工作，取得了一些研究成果。他们建立了基本逆向拍卖的胜者确定模型，并设计了精确算法、近似算法以及启发式算法，有效解决了基本的逆向拍卖胜者确定问题（见表 1 - 1）。

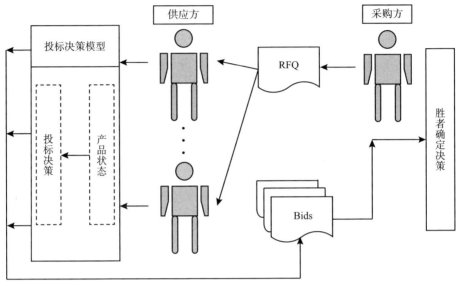

图 1 - 2　逆向拍卖中主要参与人的决策问题

表 1 - 1　基本逆向拍卖胜者确定方法相关文献

方法		文献
精确算法	分支定界	埃斯库德罗等（Escudero et al., 2009）；吴和郝（Wu and Hao, 2016）；杨等（Yang et al., 2019）；雷基克和梅洛里（Rekik and Mellouli, 2012）
	动态规划	范格文等（Vangerven et al., 2017）
	枚举算法	黄敏等（2016）；钱等（Qian et al., 2019a）
近似算法	拉格朗日松弛	曼苏里和哈西尼（Mansouri and Hassini, 2015）
	切平面	兰德特等（Landete et al., 2013）
元启发式算法	Memetic 算法	布哈奇等（Boughaci et al., 2009）
	离散动态凸化方法	林等（Lin et al., 2016）
	散射搜索	阿莱和塞塔克（Alaei and Setak, 2017）
	贪婪算法	塔卡洛等（Takalloo et al., 2021）
	邻域/禁忌搜索	吴和郝（Wu and Hao, 2015）
	随机搜索	加西亚（Garcia, 2016）

续表

方法		文献
元启发式算法	遗传算法	李等（Lee et al.，2020）
	人工鱼群算法	王飞等（2010）
	蚁群算法	鲍娜等（2009）；甘荣伟等（2009）；祁宁和汪定伟（2013）；钱等（Qian et al.，2017）
	关联规则分析算法	傅丽芳和冯玉强（2008）
	自适应神经网络	呼大永等（2012）
启发式算法	局部搜索	张等（Zhang et al.，2017）
	有穷损害优先	钱巍等（2012）

2. 多目标逆向拍卖胜者确定方法

国内外学者在这一方面做了一定的研究工作，取得了一些研究成果。他们建立了多目标逆向拍卖的胜者确定模型，并设计了基于贪婪随机自适应搜索和邻域搜索的启发式算法（Buer and Kopfer，2014），有效解决了多目标逆向拍卖胜者确定问题。

3. 随机逆向拍卖胜者确定方法

国内外学者在这一方面做了一定的研究工作，取得了一些研究成果。他们建立了不确定环境下逆向拍卖的胜者确定模型，并设计了精确算法和近似算法，有效地解决了随机情景下的逆向拍卖胜者确定问题（见表 1-2）。

表 1-2 随机逆向拍卖胜者确定方法相关文献

方法		文献
精确算法	分支定界	马等（Ma et al.，2010）
近似算法	列生成	雷姆利和雷基克（Remli and Rekik，2013）；雷姆利等（Remli et al.，2019）
	蒙特卡罗抽样	张等（Zhang et al.，2014）
	Benders 分解	张等（Zhang et al.，2015）
	降情景算法	钱等（Qian et al.，2020）

4. 多属性逆向拍卖胜者确定方法

国内外学者在这一方面做了一定的研究工作，取得了一些研究成果。他们从不同的视角建立了竞标者的评价体系与评价框架，并设计不同的多属性决策方法，有效解决了多属性逆向拍卖胜者确定问题（Wang et al.，2019；Gao，2018；杨娜等，2019；钱小虎等，2013；Huang et al.，2016；Qian et al.，2019b，2021）。

综上所述，国内外许多学者已经对逆向拍卖胜者确定问题进行了一定的研究和探索，取得了一定的研究成果。总体来看，已有研究还有局限性，存在着不足之处，尚未形成完善的逆向拍卖胜者确定管理理论和方法体系，具体表现如下：

（1）对逆向拍卖胜者确定缺乏系统性的研究工作，尚未形成完善的理论和方法体系；

（2）现有研究大多聚焦于基本的逆向拍卖胜者确定问题的研究，重点考虑价格属性而忽略了非价格属性给采购组织带来的影响；

（3）现有研究大多假设采购组织面临的是确定的场景，忽略了需求波动、服务质量差异、中断风险等不确定因素给采购组织带来的影响；

（4）现有研究大多假设逆向拍卖中的决策者是完全理性的，即决策者既能准确获得用于决策的所有信息，也能依据这些信息做出最优的决策，但是，大量的实证和实验研究表明，决策过程中决策者的实际行为与传统的经典决策模型总有一定的偏差，即决策者并非完全理性而是有限理性的（Tversky and Kahneman，1992；Zeelenberg，1999；Diamond，2012；Engelbrecht-Wiggans and Katok，2008）。

本书主要针对上述第（2）点展开研究，在分析已有文献的基础上，提炼影响采购组织的非价格属性，构建考虑多属性的逆向拍卖胜者确定模型，并设计相应的求解算法，为采购组织选择合作伙伴提供方法和技术支持。

1.3　本书总体思路

针对电子逆向拍卖的复杂性以及采购组织应用电子逆向拍卖的不同场景，在梳理国内外电子逆向拍卖胜者确定的理论与方法研究的基础上，总结国内外的相关研究成果，对电子逆向拍卖系统进行深入分析。首先，查阅了国内外大量的期刊、书籍等文献，紧密结合电子逆向拍卖的研究进展，对拍卖理论、胜者确定模型、机制与方法等内容进行综述，为本书建立数学模型和设计求解方法奠定坚实的基础。其次，针对电子逆向拍卖的特点，建立了投标供应商资格评价指标体系（如交易记录、服务水平），在综合考虑影响评价结果的正面因素和负面因素的基础上，开发出电子逆向拍卖中供应商资格评价的多属性决策方法。接着，在信息对称的场景下，分析电子逆向拍卖中单产品多件物品以及多产品单件物品的特点，建立不同场景下考虑价格和非价格属性的胜者确定模型，并设计了相应的求解算法。最后，在信息不对称场景下，分析电子逆向拍卖中采购方和竞标方的决策过程与特点，建立不同场景下采购方和竞标方的决策模型，并设计了相应的胜者确定机制。

本书的主要研究内容框架如图 1-3 所示。

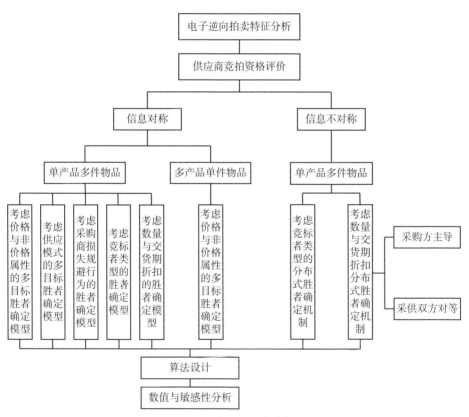

图 1-3　主要研究内容框架

1.4 本书主要内容及体系结构

面向政府和大型企业集团网络化集中采购拍卖的现实需求，在分析电子逆向拍卖特征的基础上，针对采购组织应用电子逆向拍卖选择合作伙伴的不同场景，系统梳理了已有的胜者确定理论与方法的研究，考虑影响拍卖结果的价格和非价格属性，分别构建信息对称以及信息不对称下的胜者确定模型，设计了基于问题特征和模型特征的优化方法，并通过数值算例和敏感性分析验证了模型和方法的有效性与可用性。依据所提的研究框架（见图1-3），本书的主要研究内容及体系结构总结如下。

1. 电子逆向拍卖竞拍资格评价

电子逆向拍卖中，由于缺乏信任，采购商和供应商之间建立长期的关系非常困难。然而，采供双方之间的信任关系有助于保证产品的质量、加快新技术的应用、克服财务约束等。因此，需要对进入电子逆向拍卖中的供应商的竞拍资格进行评价，以提升采供双方之间的信任度，进而提高采购效率。针对电子逆向拍卖中供应商的竞拍资格评价问题，在分析电子逆向拍卖特征的基础上，本书建立了电子逆向拍卖竞拍资格指标体系，构建了基于模糊综合评判和层次分析法的 AHP-FEC 方法、基于模糊层次分析法和 BOCR 决策框架的 BOCR-FAHP 方法，并通过数值算例验证了决策框架和决策方法的有效性和可用性。将传统的多属性决策方法应用到电子逆向拍卖供应商资格审查中，不仅可以提高采购效率，而且有助于建立采供双方之间的信任关系。本书第3章详细叙述这部分内容。

2. 信息对称下电子逆向拍卖胜者确定模型与方法

采购商使用电子逆向拍卖达不到预期效果通常包含两方面的因素：一方面，采购商没有充分考虑使用电子逆向拍卖的额外费用；另一方面，采购商只注重投标价格，忽略了产品的质量、交货期等非价格属性。为此，针对单产品多件物品的电子逆向拍卖采购情形，本书基于采购方的视角首先提炼了如下的科学问题：考虑价格与非价格属性的多目标胜者确定问题；考虑供应模式的多目标胜者确定问题；考虑采购方损失规避行为的胜者确定问题；考虑竞标者类型的胜者确定问题；考虑数量与交货期折扣的胜者确定问题。其次，构建了相应的数学模型，并基于问题和模型特征设计了求解模型的枚举算法、启发式算法、蚁群算法等决策方法。最后，通过数值算例和敏感性分析，验证了所提模型和方法的有效性和可用性。对于单产品多件物品下采购组织的不同应用场景，将传统的仅考虑价格属性的逆向拍卖胜者确定扩展到考虑非价格属性的逆向拍卖胜者确定，能够为采购商通过逆向拍卖确定胜标者提供方法和技术支撑。本书第 4 章详细叙述这部分内容。

　　针对多产品单件物品的电子逆向拍卖采购情形，首先提炼了最小化采购费用、管理费用、转换成本、拖期惩罚费之和与最大化供应商非价格属性值的多目标胜者确定问题。其次，构建了多目标胜者确定模型，设计了基于回溯思想的枚举算法、基于问题特征的启发式算法、改进蚁群算法、改进粒子群算法。最后，通过数值算例对上述四种算法进行了对比，结果表明，枚举算法对于小规模和中等规模的问题能在可接受的时间内求得最优解，但是对于大规模问题无法在可接受的时间内求得最优解。启发式算法虽然能在较短的时间内求得问题的可行解，但是无法保证解的质量。改进蚁群算法对于小规模和中等规模的问题虽然能求得最优解，但比较费时，对于大规模的问题，无法保证解的满意性。改进粒子群算法对于小规模和中等规模的问题能求得最优解，且时间性能也较好，对于大规模的问题也能求得满意解，具有较好的收敛性。对于多产品单件物品的电子逆向拍卖，将传统的仅考虑价格属性的胜者确定扩展到考虑非价格属性的逆向组合拍卖胜者确定，能够为采购商应用逆向拍卖选择合作伙伴提供技术和方法支撑。本书第 5 章详细叙述这部分内容。

　　3. 信息不对称下电子逆向拍卖胜者确定模型与方法

　　电子逆向拍卖中，采购商与供应商之间通常还会出现信息不对称的情形。电子逆向拍卖动态开放的运营环境，使生产商和分销商都能够参与竞标。针对考虑竞标者类型的电子逆向拍卖采购情形，提炼了竞标商成本结构未知且考虑生产商与分销商参与竞标的胜者确定问题。基于双层分布式决策框架，分别构建采购方与竞标方的决策模型，提出基于问题特征的启发式算法，并设计了基于分配策略和让步策略的双层逆向拍卖胜者确定机制。通过数值算例和理论分析，找出上述双层拍卖机制存在的问题。考虑竞标商的成本结构特征，在引入限量策略的基础上，提出改进的基于分配策略和让步策略的双层逆向拍卖胜者确定机制。数值算例结果表明，改进的双层拍卖胜者确定机制具有可行性和可用性。将传统的信息不对称下的逆向拍卖胜者确定扩展到考虑竞标商类型特征的逆向拍卖胜者确定，可以为采购商应用电子逆向拍卖选择合作伙伴提供科学的决策依据和决策支持。本书第 6 章详细叙述这部分内容。

面对现实中数量折扣和交货期折扣的电子逆向拍卖应用场景，分别考虑供应商主导决策和采供双方对等决策的情形，提炼了如下的科学问题：最低报价未知且采购方决策交货期的胜者确定问题；最低报价未知且竞标方决策交货期的胜者确定问题。基于双层分布式决策框架，分别构建了采购方和竞拍方的决策模型，设计了求解模型的枚举算法，并提出考虑数量折扣和交货期折扣的电子逆向拍卖胜者确定的双层决策机制。为提高采购效率，提出三种不同的交货期引导策略：基于交货期偏差的引导策略（策略 1）；基于总体目标值的引导策略（策略 2）；基于总体目标带有随机的引导策略（策略 3）。通过数值实验，与完全信息下带有数量折扣和交货期折扣的胜者确定进行对比分析，验证了三种交货期引导策略的鲁棒性。将传统的信息不对称下的多属性逆向拍卖胜者确定扩展到考虑数量折扣和交货期折扣的逆向拍卖胜者确定，为采购商应用逆向拍卖选择胜标者提供科学的决策依据和决策支持。本书第 7 章、第 8 章详细叙述这部分内容。

1.5　本书特色与创新

本书的主要特色与创新点在于，将非价格属性引入传统的仅考虑价格属性的电子逆向拍卖中，形成一套系统的多属性逆向拍卖理论、模型与方法的研究框架。首先，通过梳理已有的相关研究，分析电子逆向拍卖的运行特征。其次，提炼了不同场景下电子逆向拍卖胜者确定问题，并构建了相应的描述决策者决策过程的数学模型。最后，依据问题特征和模型特征，设计了求解模型的优化方法，并通过数值算例与敏感性分析验证了模型和方法的有效性与可用性。本书的研究拓展了传统的逆向拍卖胜者确定的边界，能够为采购组织运用电子逆向拍卖从事采购活动提供科学的决策依据与方法支撑，具有广泛的理论研究前景与实际应用价值。本书具体的特色与创新之处体现在三个方面。

1. 采用多属性决策的思想对参与电子逆向拍卖的供应商的竞拍资格进行评价

提出采用多属性决策方法对电子逆向拍卖中供应商的竞拍资格进行审核。首先，分析电子逆向拍卖的特征，构建电子逆向拍卖胜者确定指标体系。其次，设计了两种多属性决策方法（AHP-FEC、BOCR-FAHP），用于计算不同供应商的评价值，以淘汰不符合要求的竞标者。对供应商的竞拍资格进行评价，能够提高采购效率，有助于建立采供双方之间的信任关系。

2. 信息对称下电子逆向拍卖多目标胜者确定模型与方法

与以往的逆向拍卖胜者确定模型不同，本书综合考虑了采购费用、管理费用、转换成本、拖期惩罚费等，同时将非价格属性的投标值引入传统的胜者确定模型的构建中。进一步，分析问题特征和模型解的结构特征，开发出一系列有效的启发式算法及智能计算方法，能够在短时间内求出问题的近优解，为信息对称下电子逆向拍卖胜者确定提供理论和方法支撑。

3. 信息对称下基于分布式决策的电子逆向拍卖胜者确定模型与方法

与以往的逆向拍卖胜者确定机制不同，本书将协商理论、让步策略同时嵌入传统的动态拍卖胜者确定的机制构建中，建立了基于双层分布式决策的电子逆向拍卖胜者确定模型，分别描述采购方与供应方的决策过程。进一步，分析问题特征和模型解的结构特征，提出采购方的分配策略、引导策略和供应方的让步策略，能够有效解决信息不对称下的双层逆向拍卖胜者确定问题，为采购组织提供科学的决策依据与方法支撑，具有明显的创新性。

第2章 相关理论综述

计算机与网络技术的迅猛发展和广泛应用，极大地改变了人类的行为方式、思维方式、交流方式和贸易方式。作为数字经济时代的重要应用，电子商务降低了经济活动的成本、提高了劳动生产率、缩小了经济贸易活动中的时空差距。互联网和电子商务的发展使电子采购日渐兴盛，更是出现了专业的采购平台（如政府采购网）。电子逆向拍卖作为电子采购的重要组成部分，能够有效降低采购成本、提高采购效率，受到企业界和学术界的广泛关注。本章将对电子采购和电子逆向拍卖相关的理论进行综述。

2.1 电子采购

电子采购通常是指企业或政府通过一定的采购平台对产品和服务进行处理。电子采购改变了传统的通过人工进行的采购方式，取而代之的是一套高效的、规范化的解决方案，使原来必须在现实场所里完成的工作可以诉诸网络。电子采购不仅能完成采购活动，而且可以利用信息和网络技术对采购全程的各个环节进行管理，进而有效地整合企业资源，帮助供需双方降低成本，提高企业的核心竞争力。

2.1.1 采购的目标

采购的目的是要以尽可能低的成本满足企业内外部客户的需求。具体而言，就是要以尽可能低的成本满足企业经营活动所需的物资和服务需求，而且这种需求的满足具有明显的时效性。

要保证物资供应的有效性，在采购过程中就应该做到在保持适当的质量水平下能够以适当的价格在适当的时期从适当的供应商那里采购到适当数量的物资和服务。一般而言，企业采购的基本目标可以定义为 5R（赵道致等，2009），即适当的供应商（right supplier）、适当的质量（right quality）、适当的时间（right time）、适当的数量（right quantity）和适当的价格（right price）。此外还要考虑适当的服务和适当的交货地点。

适当的供应商　选择供应商是采购管理的首要目标。对于采购方来讲，选择的供应商是否合适会直接影响采购方的利益，如数量、质量是否有保证，价格是否降到最低，能否按时交货等。供应商的选择主要应考察供应商的市场声誉、生产能力、财务状况、管理水平、企业文化以及与采购企业的匹配程度等。

适当的质量　采购的直接目的是满足企业生产经营的需要，因而，为了保证企业产品的质量，首先应该从源头上保证所采购原材料的质量能够满足企业生产的质量标准要求。一方面，如果产品质量过高，会加大采购成本，同时也造成质量过剩。另一方面，所采购原材料的质量太差，就不能满足企业生产对原材料品质的要求，影响到最终产品质量，最终影响到企业的市场竞争力和盈利能力。

适当的时间　采购管理对采购时间有严格的要求。过早，会形成较长时间的原料存货，占压流动资金、增加库存成本，也有可能会因为原材料的贬值而造成损失。过晚，则会影响生产，最终影响到产成品的交付，导致市场销售的损失。

适当的数量　采购数量决策也是采购管理的一个重要目标。采购组织要科学地确定采购数量，在采购中要防止超量采购和少量采购。如果超量采购，则会出现积压现象；如果采购量小，则可能出现供应中断、采购次数增加、采购成本增大等情况。

适当的价格　采购价格的高低是影响采购成本的主要因素。采购中能做到以适当的价格完成采购任务是采购管理的重要目标之一。采购价格应该做到公平合理。一方面，采购价格过高，会加大采购方的生产成本，产品将失去竞争力，供应商也将失去一个稳定的客户，这种供需关系也不能长久。另一方面，采购价格过低，供应商的利润空间就会缩小或无利可图，进而影响供应商供货积极性，甚至出现以次充好、产品质量降低等情况。长此以往，采购方将失去一个供应商。

适当的服务　采购的目的一方面是要获得优质廉价的资源。另一方面，服务环节也是影响采购决策的重要因素，包括质量争议的解决方案、退货渠道的畅通与否等。作为供应链上的一个节点，企业的采购活动起到了连接不同节点的重要作用。因此，现代企业的采购策略对供应商的服务承诺也日益看重。

适当的交货地点　随着供应链管理模式的兴起，对供应过程的交货地点也日益灵活，尤其是在全球化采购日益流行的背景下。因此，是否具备大区域的交货能力也逐渐成为考察一个优秀供应商的基本指标。

企业战略采购流程如图 2 - 1 所示。主要包括向采购小组介绍采购情况、选择采购战略、找出潜在的供应商、选择实施途径、谈判并选择供应商、实现与供应商的一体化、评估供应市场七个步骤。

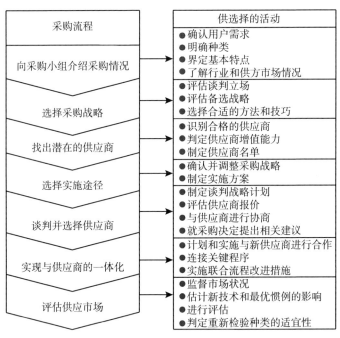

图 2 - 1　企业战略采购框架

2.1.2　采购的分类

采购通常情况下可以划分为三类（赵道致等，2009）。

1. 集中化采购

集中化采购是指由企业的采购部门全权负责企业的采购工作，即企业各生产部门所需物资的采购任务都由一个部门负责。集中化采购的可以降低采购费用，获得供应商的价格折扣，有利于实现采购作业及采购流程的规范化和标准化，有利于对采购工作实施有效的控制，可以统一组织供应，合理配置资源，最大限度地降低库存。集中化采购的不足表现为采购过程复杂、时效性差、非共享性物资集中采购难以获得价格折扣。

2. 分散化采购

分散化采购是指企业按照需要自行设立采购部门负责采购工作，以满足生产需要。这种采购制度适合于大型生产企业或大型流通企业。分散化采购的优点是针对性强、决策效率高、权责明确、有较强的激励作用等。但这种采购制度如果管理失控，就会造成供应中断，影响生产活动的正常进行。

3. 混合制采购

所谓混合制采购是将集中化采购和分散化采购组成一种新型的采购制度。依据采购物资的数量、品质要求、供货时间、价值大小等因素分别管理。对于需求量大且价值高的货物、进口货物等，可由总公司采购部门集中采购。对于需求量小且价值低的物品、临时性需要采购的物资等，由分公司或分厂的采购部门分散采购，但必须在采购中向总公司反馈相关的采购信息。

2.1.3　电子采购的流程及形式

企业的采购业务流程如图 2-2 所示。

电子采购的主要形式如下（陈培友，2004）。

（1）库存开支分析。对库存中所有产品状况进行控制并提供产品信息，主要功能是保持库存记录的准确性，并对所有采购的产品生成相应的物料需求。将各种相似的产品归类于相似的料号和 SKU 号。这样，可以更好地识别资金支出方向、合作的供应商及哪种产品可以进行杠杆采购，以实现成本节约。

（2）物料需求计划。在库存管理和控制模块中生成物料需求计划，允许手工录入，自动生成采购通知单，并将信息传送至物料交付系统。

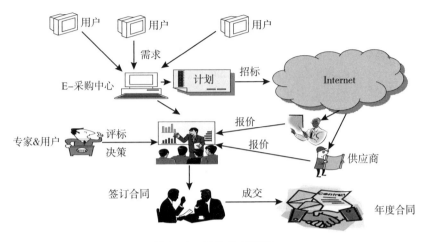

图 2 - 2 采购业务流程

（3）物料发放。考虑物料的生成，并促进物料向供应商转移。

（4）报价申请处理。报价请求（request for quotation processing，RFQ）是根据采购方提供的一系列规定所提交的报价申请。这个模块会自动生成、发布并追踪报价申请在整个系统中的传输状况。

（5）供应商选择助手。考虑供应基地对实现战略性绩效目标的贡献，该模块用一套基本的数学法则来帮助采购方对不同的供应和成本方案进行评估。

（6）采购订单的发放。支持采购订单的生成，为选定产品的订单序号进行自动分配，同时将采购订单信息传送到相应的数据库中。

（7）供应商绩效考核和管理。使产品的状态透明化，并能考核和分析供应商绩效。供应商的电子记分卡也会被系统实时更新。包括产品状态的自动查询、订单到期日监控，以及供应商绩效分析。该模块能监控计划接收日起与到期日的关系，提供到期未交货产品的相关信息及对可能过期的产品做标记。这个系统应该根据事先制定的绩效标准生成有关供应商绩效的总结报告。事先制定的标准可能包括按期交货、质量等级、价格变动、数量差异和总运输费用。

（8）接收和检验。在接收到产品后就更新系统相关记录（如保护状态→不可用状态）。

（9）总成本报告。及时生成管理报告，从而可以得知整个物料流程的情况，实时更新。

（10）价格预测。需要建立一个模型来识别影响产品价格的多方面因素，包括产品生命周期长度，产品所处的生命周期阶段和产品的历史价格。生命成本曲线可以预测预期价格绩效。采购部门可以利用这些曲线来绘制预算曲线。

（11）谈判和总成本支持模型。对产品和服务的总体成本进行估价。模型涉及装货成本、运费、进口税和关税、库存成本及质量成本。

2.2　拍　卖　理　论

拍卖是一种市场机制，该机制在市场参与者投标的基础上以明确的规则确定资源配置方式与资源价格（许永国，2000；刘树林等，1998）。拍卖中卖方通常无法确定竞标者附在标的物上的价值，即竞标者愿意支付的最高价格。若卖方完全知道这些价值，则会按最高价（或者略低）把标的物售给出价最高的竞标者。若竞价时竞标者知道标的物对他个人来说有多少价值，则可以用私人价值模型进行刻画。私人价值模型意味着每个竞标人都无法确切地知道其他竞标人的价值，且其他竞标人价值的知识不能影响特定竞标人的价值。拍卖可以被看作一个供应链协调的机制，因为买卖双方可以通过拍卖进行协商，进而达成双方都有利可图的协议。此外，博弈论问题也会出现在拍卖的分析中，例如，参与人可以通过误导性出价扭曲各自的目标而获得更多的收益。为了叙述方便，下面给出拍卖中常见的一些概念。

（1）激励相容。若竞标人按照自己真实的估值进行报价的投标策略是一个（贝叶斯）纳什均衡，则该拍卖满足激励相容约束。

（2）个体理性。若每个买家和卖家参与拍卖的收益不会比他们不参与拍卖时的收益差，则该拍卖满足个体理性约束。

（3）预算平衡。若每个买家支付给卖家的费用不超过各自预算的现金，则该拍卖满足预算平衡约束。

（4）最优拍卖。使买家的期望收益最大的拍卖称为最优拍卖。

（5）有效拍卖。使社会福利（买家和卖家的期望收益之和）最大的拍卖称为有效拍卖。

维克瑞（Vickrey，1961）在 1961 年的拍卖理论的奠基性的文章中，假设竞标人是风险中性的、对称的、完全理性的经济人，竞标人的估值为私有价值且服从独立相同的均匀分布。在此基础上，威廉·维克瑞（1961）建立了非合作博弈框架下的独立私人价值模型，研究了第一价格密封投标拍卖和第二价格密封投标拍卖情形下竞标人的出价策略和卖家的收益，认为使用这两种拍卖形式对卖家而言是无差异的。维克瑞（1961）所建立的基于博弈论的不完全信息非合作博弈框架是研究拍卖理论的基本框架。按照这一框架，迈尔森（Myerson，1981）研究了竞标人的私有价值服从更加一般的分布时卖家的最优拍卖机制设计问题，获得了著名的显示原理（revelation principle）和收益等价定理（revenue-equivalence theorem）。

显示原理：给定任一机制以及这一机制的某一均衡，存在某一直接机制，其中：（1）每个买方都真实地披露自己的价值是它的一个均衡；（2）该直接机制的均衡结果与原先机制的给定均衡的结果相同。

收益等价定理：对于满足个体理性约束和激励相容约束的有效拍卖机制，给定买家 i 的估值 $t_i \in [a_i, b_i]$，若买家 i 可以从拍卖中获得的期望效用 $U_i(p, x, a_i)$ 是由他购得标的物的概率函数 p、需要支付给卖家的费用 x 和最低估值 a_i 共同确定的，那么卖家的期望收益与支付函数 x 无关。由此可知，若任意两个拍卖机制满足以下两个条件：（1）估值最高且高于保留价格 t_0 的竞标人获得标的物；（2）任何竞标人的期望利润在最低的估值点为零，则卖方从这两个拍卖中获得的期望利润相等。

格雷厄姆和马歇尔（Graham and Marshall，1987）与麦卡菲和麦克米伦（McAfee and McMillan，1992）假设竞标人之间存在共谋的可能性，建立了竞标人的投标决策模型，结果表明收益等价定理不再成立，且卖家使用第一价格密封投标拍卖是有利可图的。需要说明的是，合谋的出现与标的物的性质和特定的拍卖规则有关，卖方可以通过设置与合谋团伙规模同向变动的保留价格来限制合谋的有效性。

车和盖尔（Che and Gale，1998）假设竞标人的估值和预算约束均为私有信息，建立了基于四类基本拍卖分析框架的带有预算平衡约束的竞标模型，结果表明收益等价定理不再成立，且对卖家而言，使用第一价格拍卖的期望收益要高于第二价格拍卖的。这是由于预算平衡约束对不同拍卖形式的约束程度不一样。

马斯金和赖利（Maskin and Riley，2000）假设竞标人是非对称的，建立了竞争性投标的基本模型，结果表明收益等价定理不再成立，且若竞标人异质性的假设不同，则卖家的期望收益在第一价格密封投标拍卖中可能高于或低于英式拍卖。这是因为在第一价格密封投标拍卖中，若强势竞标人的估值的分布依逆风险率随机占优于弱势竞标人的估值的分布，则弱势竞标人更具攻击性，卖家会将标的物歧视性地出售给弱势竞标人，从而获得更高的期望收益。此外，英式拍卖总能实现资源的有效配置，而第一价格密封投标拍卖可能使资源的配置是无效率的。

拍卖中，投标商、招标商和第三方代理商三者之间的关系如图 2 - 3 所示（陈培友，2004）。投标商、招标商和第三方代理商是拍卖理论潜在的使用者，他们所面临的问题构成了拍卖理论的研究内容。拍卖理论中的信息主要包括拍卖品的数量及有关品质特征、投标商的效用函数、有竞争力的投标商人数、不具竞争力的投标商或拍卖师的行为等。贯穿拍卖理论的主要问题是，比较作为不同经济制度安排的各种拍卖形式的绩效。从卖者的角度考虑，比较不同拍卖形式的基本标准是他们可以获取的收益，或是期望卖价；从全社会的角度而言，效率更为重要，因为待售物品最后落入事后愿意出高价的竞拍者手里，可以保证资源得到有效的配置。此外，拍卖规则是否简单易懂、拍卖形式是否能抵抗竞拍者之间的合谋等也是很重要的因素。

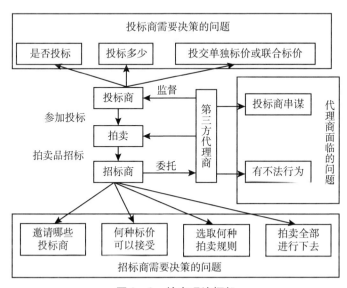

图 2 - 3　拍卖理论框架

2.2.1　拍卖的分类

根据拍卖的基本知识和要素，拍卖主要有以下 4 种分类（谢安石等，2004）。

（1）按照报价是否公开划分，可分为公开拍卖和密封拍卖。公开拍卖包括英式拍卖（English auction）和荷兰式拍卖（Dutch auction）；密封拍卖包括第一价格密封拍卖（first price sealed-bid auction）和第二价格密封拍卖（second price sealed-bid auction）。

英式拍卖　拍卖开始时由拍卖者叫出一个较低的价格，然后以一个很小的增量提高价格。每个竞价者以一种规定的方式向拍卖者和其他竞价者表明是否愿意在当前价格下购买标的物。这一过程会持续到仅剩一个愿意购买标的物的竞价者为止，即为胜标者。最后，胜标者获得拍卖品，成交金额为在他之前最后一个放弃的竞价者的价格。

荷兰式拍卖　拍卖开始时由拍卖者叫出一个足够高的价格以致没有人愿意购买标的物。然后，价格以很小的幅度持续下降，直到有人愿意购买为止。于是，标的物便以此时的价格出售给这一竞价者。

第一价格密封拍卖　所有竞价者将自己的出价密封上报给拍卖者，递交最高出价的竞价者将赢得标的物，支付的价格是胜标者自己的报价。

第二价格密封拍卖　所有竞价者将自己的出价密封上报给拍卖者，递交最高出价的竞价者将赢得拍卖品，支付的价格是所有竞价者中出价第二高的报价。

（2）按照对商品的评价划分，可分为私人价值拍卖（private-value auction）、共同价值拍卖（common-value auction）、关联价值拍卖（correlated-value auction）。

私人价值拍卖　每个竞价者都知道标的物对各自的价值，但不知道标的物对其他竞价者的价值，且其他竞价者的价值不会影响竞价者自身的价值。

共同价值拍卖　每个竞价者对标的物的估值尽管是未知的，但却是相同的。

关联价值拍卖　每个竞价者不知道标的物对他本人的价值，这一价值不仅依赖于竞价者本人的信号，还依赖于其他竞价者的信号。

（3）按照拍卖市场结构的不同，可分为单向拍卖（one-way auction）和双向拍卖（double auction）。

单向拍卖 本质上是一个拍卖者对多个竞价者的不对等结构。由于市场中的交易人数为"1"，拍卖者掌握着市场的稀缺资源，是资源优势方；而最终成交价格是由竞标者共同决定的，是信息优势方。

双向拍卖 本质上是多个拍卖者对多个竞价者的对等结构。由于市场中的交易人数更为均衡，拍卖者和竞标者的关系转变为一种平等的供给和需求关系。

（4）按拍卖中买卖方所处的地位划分。可分为正向拍卖（forward auction）和逆向拍卖（reverse auction）。

正向拍卖 卖方是拍卖者，买方为竞标者。通常，买方相互竞争，以赢得购买标的物的机会。

逆向拍卖 买方是拍卖者，卖方为竞标者。一般而言，卖方相互竞争，以赢得向拍卖者提供产品或服务的机会。

为便于理解，表 2-1 列出了各种拍卖类型的比较。

表 2-1　　　　　　　　　　各种拍卖类型的比较

拍卖方式	卖方数	买方数	标的物数	标的物属性
常规拍卖	1 个	多个	1 个	单属性
谈判	1 个	1 个	1 个/多个	单属性/多属性
组合拍卖	1 个	多个	多个	单属性
多属性拍卖	1 个	多个	1 个	多属性
多属性组合拍卖	1 个	多个	多个	多属性
逆向拍卖/招标	多个	1 个	1 个	单属性
逆向组合拍卖	多个	1 个	多个	单属性
逆向多属性拍卖	多个	1 个	多个	多属性
双向拍卖	多个	多个	多个	单属性
连续双向拍卖	多个	多个	多个	单属性/连续投标

2.2.2　网上拍卖

网上拍卖（online auction）是近几年伴随着互联网的发展而产生的一种新型的商品交易方式。网上拍卖就是利用互联网在网上公布商品或服务的信息，通过竞争性投标的方式将它出售给出价最高的投标者。本质上，网络拍卖以价格竞争为核心，建立买卖双方的交流与互动机制，以达到均衡的一种市场经济过程。虽然网上拍卖的理论内核是传统的拍卖理论，但由于电子商务环境有许多有别于传统拍卖的特点，网上拍卖的理论研究往往表现出许多新的特点，主要体现在以下几个方面（陈胜利等，2008；杜江萍，2009）。

一是进入和参与方式不同。传统的拍卖是在规定的时间、规定的地点进行的。而网上拍卖的参与人可以在不同的时间进入拍卖，参加拍卖的投标者可以是分布于世界各地的，可以进行异步投标。

二是拍卖时间不同。传统的拍卖常常是以拍卖师的三声询问且无人应价而宣布结束的。而网上拍卖的结束方式主要有两种：一种是，像 eBay 等网站所采取的固定拍卖时间的方式，一般为 3 天、5 天、7 天或 10 天；另一种是，像 Amazon 网站那样，当投标 10 分钟后仍然没有新的投标出现，拍卖就结束。

三是拍卖物品的数量不同。传统拍卖的拍卖品数量通常是固定的，无论是单物品拍卖还是多物品拍卖，数量在拍卖初期就已经固定下来了。与之不同，网上拍卖可以在拍卖过程中根据拍卖价格的变动而增加或减少拍卖品数量。

四是拍卖成本不同。在网上拍卖中，由于激烈的竞争，控制成本是十分必要的。网上拍卖区别于传统拍卖的一个重要方面是成本不同，具体体现在以下三个方面。（1）固定成本。拍卖者在网上每进行一次拍卖，都需要监控或更新拍卖进程、供应商的订单、回复投标者网上提问等活动，而这些成本在传统拍卖中是被忽略不计的。（2）库存成本。网上拍卖的许多产品是卖方想急于脱手的产品，这类产品存在着较快的折旧成本。但也有一些拍卖品直接来源于制造商，不会受到库存成本的影响。（3）营销成本。对于一个拍卖网站，广告宣传是必要的，如易趣拍卖网在网易、雅虎等大型网站上的促销广告。而传统拍卖通常不包含拍卖网站吸引顾客而支付的成本。

1. 电子逆向拍卖的基本过程

基于电子逆向拍卖的采购基本过程一般包括三个阶段：竞标准备阶段、实时竞标阶段和竞标结束后合同授予阶段。在竞标的准备阶段，首先由拍卖方在网络发布竞标信息，包括对商品或服务的名称、规格、数量、交货期等信息描述以及对交易规则的说明等。随后，竞标方查看竞标信息，并提出参与竞标的申请。最后，拍卖方对参与竞标的供应商进行审核，同意合格的竞标方参与下一阶段的实时竞标。在实时竞标阶段，竞标方通过网络平台进行轮番竞价，拍卖方则根据自己的选择分配策略来确定胜标者。在合同授予阶段，拍卖方与最终胜标者签订交易合同。电子逆向拍卖的基本步骤如图 2-4 所示。

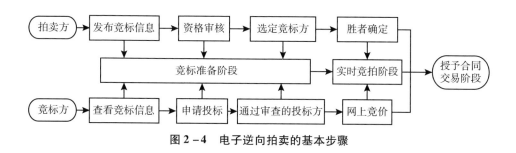

图 2-4　电子逆向拍卖的基本步骤

2. 网上拍卖的意义

网上拍卖的意义主要包括以下三个方面（黄京华等，2010）。

（1）价格发现。一方面，卖家希望把每件商品以最合适的价格卖给最合适的买家，因此需要对每一件商品以拍卖的方式进行定价并锁定相应的买家。另一方面，依据买家的报价，卖家可以获得标的物真实价格的期望，即获得了商品定价的依据。例如，卖家个人珍藏的一幅油画、一张签名卡片等，往往很难在市场上找到同质物品的价格，拍卖却可以为之发现价格。

（2）快速进行资源的有效配置。卖家通常希望尽快找到最合适的买家。传统拍卖需要在一个特定的场所进行，买卖双方往往需要亲临现场参与交易，产生了极大的交易成本；并且交易时间也有较多的限制，不能随意设置。一场拍卖，可能由于某些买家的无法参与和交易时间的不充分，导致商品不能充分的竞价。网上拍卖打破了地域和时间的限制，不仅方便了买卖双方在各自的地域参与竞标，也扩展了商品的市场。因此，可以说网上拍卖实现了资源快速有效的配置。

（3）交易特殊的商品。某些商品并不适宜在拍卖现场进行展示和交易，如易损坏、易变质、体积巨大、贵重的商品以及一些电子商品等。传统拍卖的现场环境可能不利于易损坏、易变质的商品的保存，不便搬运和容纳体积巨大的商品，无法保障贵重商品的安全，也很难充分的展示电子商品等"无形"商品，而网上拍卖却可以很好地解决这些问题。

3. 网上拍卖的优点

对于买方和卖方，网上拍卖的优点如下（汪定伟，2014）。

网上拍卖给卖家带来的收益包括五个方面。（1）通过扩大买家范围提高收益。网上拍卖打破了时间和地域限制，使所有有意愿竞价的买家都能以极低的成本参与进来，因而可能会遇到更高出价的买家。（2）二手物品流通。卖家可以将手中的旧物品转卖出去，为大量二手商品提供了快速流通的渠道。传统拍卖主要聚焦于贵重、高档商品的交易，其他商品尽管数量巨大，却很难占据拍卖市场的一席之地。与此同时，市场上常常缺乏专门针对二手商品的销售渠道，因此二手商品一直不能得到有效的流通。网上拍卖规则很好地填补了这个空白，它既是传统拍卖在中低档商品上的延伸，也是零散的遍布各地的二手交易活动的有效整合，是二手物品流通的重要渠道。（3）为商品定价提供参考依据。多数拍卖网站同时提供固定价格的售卖。在为商品制定固定价格之前，卖家可以用拍卖的方式了解买家的价格诉求，从而为制定固定价格提供参考依据。（4）降低交易成本。卖家不必前往拍卖现场进行交易，交易操作简单、快捷，不必因时间限制而影响其他事务。因此网上拍卖降低了交易成本。（5）网上虚拟社区。拍卖网站也是一种网络社区，卖家可以在网上交流信息，结识更多的朋友或交易方。

网上拍卖给买家带来的收益包括四个方面。（1）方便。买家可以在任何时间、任何地点进行交易，并且可以利用网站搜索引擎快速找到所需的商品。（2）寻找特殊的商品和收藏品。买家在拍卖网站上可以方便地寻找一些平时不易见到的特殊商品，如商品优惠券、纪念册、邮票等，比市场获取更为方便。（3）匿名性。由于网上拍卖是以拍卖网站作为第三方平台的交易，因此交易过程允许双方匿名，有利于买卖双方的隐私保护。（4）网上虚拟社区。拍卖网站对于买家来说也是一种虚拟社区，买家可以在网上交流信息和结识伙伴。

4. 电子逆向拍卖成功实施的条件

瓦格纳和施瓦布（Wagner and Schwab，2004）基于相关分析和回归分析，研究了影响电子逆向拍卖成功实施的八个因素：产品需求说明的容易程度，采购的数量，转换成本，参与竞标的供应商数目，供应商之间竞争激烈程度，买方垄断程度，谈判方案的复杂度，准备时间的长短。研究发现恰当的产品规格说明、买方充分的准备以及供应商之间激烈的竞争，是逆向拍卖成功与否的关键因素。具体而言，只要产品需求能表述清楚，产品的复杂性对拍卖本身影响不大，可以忽略。使用电子逆向拍卖所节省的费用至少要和准备、执行拍卖所需的费用相抵消。更换供应商的转换成本越低，采购商所需的成本也越低。供应商数目越多，供应商之间的竞争就越大，采购的成本可能会越合理（低）。采购商所占的市场份额越大，或采用多轮拍卖的方式竞价，供应商就越有可能降价。拍卖时间越长，供应商之间的竞争越充分，越有利于拍卖成功。

舍恩赫尔和马伯特（Schoenherr and Mabert，2011）分别从采购的重要程度、市场供应状况、商品规格的复杂度以及是否考虑到长期合作四个方面对电子逆向拍卖的适用条件展开研究。通过对美国 825 家制造型企业进行调查，得出以下结论：第一，采购的重要程度越高，企业使用电子逆向拍卖的可能性越小；第二，市场供应越大，企业使用电子逆向拍卖的可能性越大；第三，采购商品的复杂程度，不会影响电子逆向拍卖的使用；第四，更看重长期合作的企业，并没有降低电子逆向拍卖采购模式的使用程度。

通过对已有文献进行分析，成功实施逆向拍卖的条件总结如下。

（1）对于采购方而言，首先采购物品的规模要大，数量足够多，才能够吸引更多的供应商参与竞标，供应商越多越能激励供应商的价格竞争从而降低采购成本。其次，采购方要给出明确详细的采购需求说明书，规定具体的采购数量、物品规格、质量要求、物品交货期等。采购说明书足够明确，供应商才能根据采购方的需求，制定出合理的竞标策略。同时，采购方要有合理的拍卖机制，并且能够根据采购物品的性质制定不同的拍卖策略。

（2）对供应商而言，首先根据自己的意愿参与竞标，并对得标有强烈的渴望。其次，供应商之间相互独立，没有共谋行为，并通过公平竞争的方式赢取供应权。同时，供应商人数应足够多，这样才能形成有效的竞争环境。

（3）从市场角度看，首先必须是买方市场，即采购方要采购的物品是供大于求。其次，市场价格要有一定的弹性，供应商要有降价的空间，这样能更好地刺激供应商之间的价格竞争。

2.3　胜者确定机制的基本理论

2.3.1　机制设计概述

机制设计是微观经济学和博弈论的一个重要分支，它是研究如何使系统成员履行全局最优解的问题。近年来，机制设计已被应用于电子市场设计、时刻表的制定问题和资源组合分配等问题中，其应用前景广阔。本书所研究信息不对称下的两属性电子逆向拍卖双层机制设计问题是对机制设计理论的典型应用。

机制设计理论本质上是非对称信息对策论在经济学上的应用。根据信息完全与否和参与人的先后顺序可将非合作博弈分为以下四种：完全信息静态博弈、完全信息动态博弈、不完全信息静态博弈和不完全信息动态博弈。机制设计是典型的三阶段不完全信息博弈：第一阶段，委托人设计一种机制、契约或激励方案；第二阶段，由代理人来决定是接受还是拒绝这种机制；如果接受，则进入第三阶段，代理人在该机制约束下选择自己的博弈行动（朱·弗登博格等，2010）。机制设计中最基本的一条定理是显示原理，即任何一种机制所能达到的配置结果，都可以通过一种激励相容的直接机制得以实现（舒丹等，2007）。

每一种拍卖方式都可以看作是一种机制的实例。如果某种机制仅要求竞标人报出对物品的估价，则这种机制就是一种直接机制。如果某种机制被设计成竞标人出于自身利益而愿意诚实的报出对拍卖物品的真实估值，则这种机制就是一种激励相容机制。假设竞标人之间不存在共谋，那么机制设计中的显示原理表明：对于任何一种机制，都存在一个直接的、激励相容的机制与之等价。因此，最优拍卖机制可以用一种直接的、激励相容的机制加以仿效。显示原理是一个纯粹的理论概念，其主要应用就是求解满足两个限制条件的数学规划问题：第一，激励相容条件，即竞标人不可能通过谎报估价而获益；第二，个体理性条件，即竞标人不会拒绝参加拍卖而得到更好的收益。在采购拍卖过程中，供应商成本函数的形式是共同知识，但是成本函数中各参数的具体数值却不是共同知识。在每轮拍卖中，供应商同时竞标，属于静态博弈。在整个竞标过程中，反复不断的竞标和选标就是一个不完全信息的动态博弈的过程。

2.3.2　决策模式概述

决策是人们在政治、经济、技术以及日常生活中普遍遇到的一种选择方案的行为。由上面的机制设计的理论可以看出，决策是机制设计的一个至关重要的环节。决策策略的好坏将直接影响到机制的最终效果。

1. 拍卖双方的决策问题

对于拍卖，研究的主要问题也就是参与拍卖的买方和卖方的决策问题（舒丹等，2007）。

对于卖方（拍卖方）来讲，所要决策的问题包括：（1）买家选择问题，即邀请什么样的潜在买家参与竞标对拍卖方而言是有利的；（2）拍卖规则的设计问题，即根据目标（最大化收益或最大化社会福利）选择或者制定什么样的拍卖规则对拍卖方更有利；（3）何种标价可以接受；（4）一个拍卖过程是否有必要全部完成。

对于买家（竞标者）而言，主要决策的问题如下：（1）投标价格的确定（这是拍卖理论研究的主题），即根据拍卖规则的不同，投标价格可以是一个数值，也可以是一组向量（对应于多属性拍卖，multi-attribute auction）；（2）是否要参加投标（entry decision）；（3）是提交一个单独的投标价（solo bid），还是为提高竞争力而加入联盟，提交一个更有竞争力的联合标价（joint bid）。

如果某一拍卖的实施引入第三方代理，那么第三方代理商的决策问题包括：（1）通过考察拍卖的投标行为和记录，研究拍卖过程是否有串谋和非法活动；（2）拍卖系统的管理问题，如采取哪些方法、手段可提高拍卖系统的收益；（3）如何保证拍卖的公平性与合理性。

2. 集中式决策问题

集中式决策（centralized decision making）是指在一个系统中只有一个决策单元或者决策者，该决策者完成其所在的整个系统的决策。集中式决策的先决条件是所有信息已知。

当一个系统由多个部分构成时，需要决策者对系统的各个部分有很好的了解，才能保证最终做出准确的决策。从集中式决策的角度来讲，决策者将所有的决策集中于一身。系统中的各部分没有决策权，只是去执行决策结果。

3. 双层决策问题

分布式决策（distributed decision making）又叫多层决策或多阶段决策（multi-stage decision process），是指这样一类活动过程，即根据问题本身的特点，可以将其求解的全过程划分为若干相互联系的阶段（即将问题划分为许多个相互联系的子问题），在它的每一阶段都需要做出决策，并且在一个阶段的决策确定以后再转移到下一个阶段。往往前一阶段的决策会影响到后一阶段的决策，从而影响整个过程。

分布式决策最典型的特点就是多次决策，并且各个决策间都相互影响。多阶段决策过程的发展是通过状态的一系列变换来实现的。一般情况下，系统在某个阶段的决策，除了与本阶段的状态有关外，还与之前的历史状态和决策有关。多阶段决策过程的目标函数值是由多次决策的效应综合形成的。在某个阶段 k，处于状态 x_k 执行决策 u_k 时带来的目标函数值的增量，称为 k 阶段效应，阶段效应仅由阶段所处状态和决策确定，因此 k 阶段效应是该阶段状态和决策的函数，可以表示为 $g_k(x_k, u_k)$。

在分布式决策的每一个阶段都要涉及一个概念，就是策略。所谓策略就是确定系统过程发展的方案，策略的实质是关于状态的选择，是决策者从给定阶段状态出发对下一阶段状态做出的选择。策略也叫决策序列，分为全过程策略和 k 步子策略。全过程策略是指具有 n 个阶段的全部决策过程，由依次进行的 n 个阶段决策构成的决策序列，表示为 $\{u_1, u_2, \cdots, u_n\}$。从 k 阶段到第 n 阶段，依次进行的阶段决策构成的决策序列，称为 k 步子策略，表示为 $\{u_k, u_{k+1}, \cdots, u_n\}$。显然，当 $k=1$ 时，k 步子策略就是全过程策略；当 $k=n$ 时，k 步子策略就是单步策略。在实际问题中，各阶段可供选择的决策有许多，它们的不同组合就构成了许多可供选择的决策序列（策略）。由这些决策序列组成的集合，称之允许策略集合；从允许策略集中找出最有效果的策略，即为最优策略。

双层决策是分布式决策的一种，决策过程只有上下两层，即上层决策（up-level decision making, UDM）和下层决策（down-level decision making, DDM）。通常上层决策完之后下层再决策，上下层各自的决策都将会对另一方产生一定的影响。双层决策模型的一般形式为（唐大宏等，1989）：

$$\text{UDM：} \max f_0(x, y) \tag{2-1}$$

$$\text{s. t.}$$

$$(x, y) \in \Omega_0 \tag{2-2}$$

$$\text{DDM：} \max f_1(x, y) \tag{2-3}$$

$$\text{s. t.}$$

$$(x, y) \in \Omega_1 \tag{2-4}$$

式中，x、f_0 和 Ω_0 是上层决策者的决策变量、目标函数和约束集，y、f_1 和 Ω_1 是下层决策者的决策变量、目标函数和约束集。

双层模型的决策过程中，由于上层先决策，故而上层具有先行动优势，上层的决策能够引导整个决策过程的发展。双层决策的大体流程如下：首先上层决策者向下层宣布其决策 x，这一决策将影响到下层决策的约束或目标函数；然后下层决策者在这一限制条件下选择决策 y，以此对上层决策者的决策做出反应，影响到上层决策者的目标函数值及 x 的可行性；最后上层决策者再调整其 x，反复循环，达到均衡。

2.3.3　协商理论概述

协商（negotiation）是经济学家、博弈论专家一直深刻探讨的课题，是人类互动模式中一种最复杂的沟通方式，协商理论涉及经济学、管理学、计算机科学和人工智能等多学科领域。在协商过程中，两个或更多的参与者各自做出决策，并为了各自的利益相互交流，协商的结果不是一方得到的更多，另一方得到的就少，而是通过协商能使双方都有收获（姜宏宇，2010）。

协商主要包括三个要素：双方进行信息交流，双方从自己的观点出发评估信息，最终通过相互选择达成一致意见。协商所具有的特征包括：设计两个或两个以上的成员，协商成员彼此互相依赖，存在明显或潜在的利益，具有共同解决的意愿。

一个协商系统主要由三个部分组成：协商协议、协商策略和协商目标。协商协议是指控制、管理代理人间交互协商的规则集合。协商策略是 Agent 决策和选择协商协议和通信消息的策略，协商策略模型的复杂程度、决策范围主要受协商协议设计的影响与制约。协商协议与协商策略，这两者共同构成了一个协商系统的协商机制。协商目标是指要达成的协议所覆盖的问题范围，即协商问题的数量，最简单的属于单一属性的协商。

由上述理论可以看出，在双层模型中，上下层直接反复投标、选标的过程可以看作一个协商过程，故协商理论也可以被双层决策模型所使用。而对于双层分布式决策的关键在于上下层选择什么样的策略，能使最终结果达到一个合理均衡解。

2.4　本章小结

本章在查阅各类文献的基础上，主要对电子采购、电子逆向拍卖等理论知识进行了综述。电子逆向拍卖是电子采购的一种特殊形式，它将拍卖机制引入采购中，利用供应商之间的竞争性投标来确定产品或服务的价格及分配方式。与传统拍卖相比，电子逆向拍卖具有更多的优势，它不受时间空间的限制，更加方便灵活，交易费用低且拍卖物的种类更加丰富多样。但是电子逆向拍卖也不能完全取代传统的采购，这是因为电子逆向拍卖只适合采购那些数量大的、处于买方市场的非战略性的标准产品或服务。要成功实施电子逆向拍卖，还必须要考虑产品规格说明是否清楚、供应商的转换成本是否重要等因素。电子逆向拍卖对经济发展和社会进步有着举足轻重的作用，对电子逆向拍卖胜者确定问题展开研究，可以说既有很高的学术价值，更有重要的应用意义。

第3章 电子逆向拍卖供应商竞拍资格评价问题研究

作为一种新的采购工具，电子逆向拍卖受到企业的广泛关注。对于采购方而言，电子逆向拍卖可以减少采购周期、优化采购渠道、降低采购成本、提高采购效率。对于供应方而言，电子逆向拍卖可以获得新的市场机会、降低交易成本、增加市场透明度等，有助于企业提高年剩余价值。传统逆向拍卖往往只追求报价最低，把价格看成决定最终选择哪个供应商的决定性因素。在这种情况下，虽然选出的供应商价格最低，但供应商的信誉和产品的质量有可能存在问题，不利于双方维持长期合作关系。为此，需要对有意愿参与竞标的供应商进行评估，审核其是否具有参与竞拍的资格，淘汰不具备竞拍资格的供应商，允许获得竞拍资格的供应商进入竞拍环节。为达到采购预期，本章提供两种多属性决策方法，即基于层次分析法（analytic hierarchy process，AHP）与模糊综合评判（fuzzy comprehensive evaluation，FEC）的 AHP-FEC 方法、基于 BOCR 框架（benefits，opportunities，costs，risks）和模糊层次分析（FAHP）的 BOCR-FAHP 方法，用于选择合格的供应商参与竞标。

3.1 问题描述

电子逆向拍卖中，由于采购商和供应商之间缺乏信任，采购商和供应商之间建立长期的关系非常困难。众所周知，采购商和供应商之间牢固的关系可以保证产品的质量、加快新技术的应用、克服财务约束等。因此，对进入电子逆向拍卖的供应商进行评估十分必要，这样采购商可以选择更合适的供应商，与之建立长期的合作关系，从而提高采购效率。

为了达到采购预期，拍卖方面临的一个重要的问题是如何选择合适的供应商参与竞标，即供应商评价问题。本章假设有 n 个供应商有意向参与竞标，拍卖方需要对这些供应商进行评价，以选择合适的供应商参与竞标。由于不同的属性对评价结果的影响是不同的，因此对这些不同的属性进行分类，再借助于层次分析法等多属性决策方法对各类属性进行评价，从而提高评判的准确性和有效性，保证公平性。同时，由于决策过程中通常包含模糊性和不确定性，因此需要将模糊理论与多属性决策方法相结合，构造新的供应商竞拍资格评价方法。

3.2　AHP-FEC 方法

基于问题描述，本节将建立一种多属性决策方法，在竞拍环节之前，确定每个供应商的竞拍资格，淘汰没有竞拍资格的供应商。不失一般性，本节考虑九种指标，分为四类，即产品质量、历史交易记录、服务水平、公司财务状况，建立一套供应商竞拍资格评价体系。将模糊综合评判和层次分析法相结合，构造一种多属性决策方法，计算每个供应商的打分值，再根据竞拍资格阈值确定可以参加竞拍的供应商名单。

首先，对评价指标进行选取，然后构建目标层、准则层和指标层。其次，运用层次分析法计算指标的权重分配，同时构造满意度函数，计算隶属度函数。最后，将隶属度矩阵与计算出来的指标权重相乘得到模糊综合评价的结果，即供应商的竞拍资格打分值。根据采购方的要求确定供应商竞拍资格阈值，当供应商的竞拍资格打分值大于阈值时，则该供应商获得参与竞标的资格；否则，该供应商被淘汰，没有资格参与竞标。供应商竞拍资格评价的具体步骤如图 3 – 1 所示。

图 3 – 1　供应商竞拍资格评价流程

3.2.1　供应商竞拍资格指标体系的建立

1. 指标的选取原则

供应商竞拍资格指标的选取要遵循三个原则。

（1）可获取性原则。在线逆向拍卖中，采供双方往往通过网络进行沟通。供应商需要提供关于产品质量的质检合格证书或相关部门的有效证明，并进行实名注册才能参与竞标。供应商的历史交易记录、采购方对供应商的评价等信息，可以通过在线逆向拍卖系统获取，进而提炼为评估供应商是否具有竞标资格的重要指标。

（2）代表性原则。选取的指标必须能够全面反映供应商的信誉水平和所提供物品的质量，例如，查看供应商的历史交易记录，通过历史交易评价反映供应商所提供产品或服务的质量。

（3）可验证性原则。对供应商的评价要客观全面，就要保证供应商的信息是真实有效的，杜绝虚假信息。无论从哪种途径获得的供应商信息，只有能在网上进行验证的，才可以作为供应商竞拍资格的评价依据。此外，经过第三方实名验证的供应商信息也可以被信赖。

2. 具体指标体系的划分

根据上述指标选取原则和分类方法，本书选取 9 项指标，分为 4 大类，具体分类如下。

（1）产品质量。产品合格证书、累计交易的产品数量、交易反馈的好评率，这三个指标可以体现供应商的产品质量，其中产品合格证书最为关键。

（2）交易记录。通过查看供应商的交易记录，可以大致了解该供应商的信誉水平，以及供应商参与逆向拍卖的态度和经验等。

（3）服务水平。服务水平的高低直接影响采购双方的长期合作关系，服务周期的长短和以往采购方给出的服务质量反馈可以体现供应商的服务水平。

（4）财务状况。财务状况用供应商的担保金来体现，第三方有权冻结担保金。如果交易失败，采购方有权追究损失和赔偿。担保金的额度可以体现供应商的偿还能力，是供应商信誉的体现，也是采购方的一种保障。

具体的供应商竞拍资格指标的层次结构如图 3 - 2 所示。

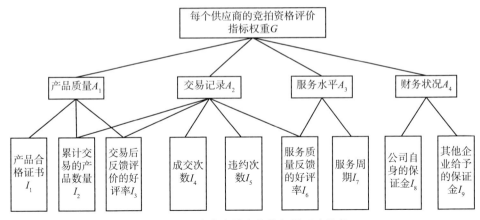

图 3-2　供应商竞拍资格指标的层次结构

图 3-2 中 G 是总目标层，$A_1 \sim A_4$ 是准则层，$I_1 \sim I_9$ 是 9 项具体指标。

当前在线逆向拍卖可以从第三方获取上述信息。随着信息化的不断发展和逆向拍卖的普及，竞标资格体系会更加完善，采购方从第三方可以获取的供应商信息也更多，如供应商的信贷记录、年出产量等。

3. 体系中各指标权重的确定

利用层次分析法确定各指标的权重。首先通过比较法得到指标体系中各层次的判断矩阵，并进行一致性检验。然后，利用特征值法计算各下层指标相对于上一层指标的权重。最后，计算 9 个指标相对于总目标层的权重。

（1）$I_1 \sim I_3$ 相对于 A_1 的权重分配。对产品质量 A_1 来说，假设产品合格证书 I_1 最为重要。产品合格证书相对于其他采购方的反馈评价更具有客观性和参考价值，因为其他采购方的反馈评价往往带有主观色彩，是企业自身利益最大化的体现。与此同时，产品合格证书的重要程度高于累计交易产品数量 I_2，而累计交易产品数量比主观反馈评价 I_3 更有参考价值。因此三者的重要程度排序为 $I_1 > I_2 > I_3$。根据上述分析，得到 $I_1 \sim I_3$ 相对于 A_1 的判断矩阵如表 3-1 所示。

表 3-1　　　　　　　　$I_1 \sim I_3$ 相对于 A_1 的判断矩阵及权重值

A_1	I_1	I_2	I_3	W_1^3
I_1	1	3	5	0.6483

A_1	I_1	I_2	I_3	W_1^3
I_2	1/3	1	2	0.2297
I_3	1/5	1/2	1	0.1220

根据表中数据可求得：$\lambda_{max} = 3.0037$，$CI = 0.00185$，$C_R = 0.0032 < 0.1$，满足一致性检验。

（2）其他权重的分配。类似地，可以得到其他指标的判断矩阵及权值，如表 3 - 2 至表 3 - 5 所示。

表 3 - 2　　　　　　　$I_2 \sim I_6$ 相对于 A_2 的判断矩阵及权重值

A_2	I_2	I_3	I_4	I_5	I_6	W_2^3
I_2	1	2	1	2	3	0.3134
I_3	1/2	1	1	4/3	3/2	0.1890
I_4	1	1	1	3/2	3/2	0.2250
I_5	1/2	3/4	2/3	1	4/3	0.1508
I_6	1/3	2/3	2/3	3/4	1	0.1218

根据表中数据可求得：$\lambda_{max} = 5.0511$，$CI = 0.01276$，$C_R = 0.01140 < 0.1$，满足一致性检验。

表 3 - 3　　　　　　　I_6、I_7 相对于 A_3 的判断矩阵及权重值

A_3	I_6	I_7	W_3^3
I_6	1	3/2	0.6000
I_7	2/3	1	0.4000

根据表中数据可求得：$\lambda_{max} = 2$，$CI = 0$，$C_R = 0 < 0.1$，满足一致性检验。

表 3 - 4 I_8、I_9 相对于 A_4 的判断矩阵及权重值

A_4	I_8	I_9	W_4^3
I_8	1	1	0.5000
I_9	1	1	0.5000

根据表中数据可求得：$\lambda_{\max} = 2$，$CI = 0$，$C_R = 0 < 0.1$，满足一致性检验。

表 3 - 5 $A_1 \sim A_4$ 相对于总目标层 G 的判断矩阵及权重值

G	A_1	A_2	A_3	A_4	W^2
A_1	1	2	4	1	0.3701
A_2	1/2	1	2	1/2	0.1850
A_3	1/4	1/2	1	1/3	0.0997
A_4	1	2	3	1	0.3452

根据表中数据可求得：$\lambda_{\max} = 4.0104$，$CI = 0.003067$，$C_R = 0.00385 < 0.1$，满足一致性检验。

（3）计算层次总排序。综合上述的计算结果，计算层次总排序（见表 3 - 6）。

表 3 - 6 层次总排序

I_i	A_1（0.3701）	A_2（0.1850）	A_3（0.0997）	A_4（0.3452）	a_i
I_1	0.6483	0	0	0	0.2399
I_2	0.2297	0.3134	0	0	0.1430
I_3	0.1220	0.1890	0	0	0.0801
I_4	0	0.2250	0	0	0.0416
I_5	0	0.1508	0	0	0.0279
I_6	0	0.1218	0.6000	0	0.0824
I_7	0	0	0.4000	0	0.0399
I_8	0	0	0	0.5000	0.1726
I_9	0	0	0	0.5000	0.1726

分别计算 9 个指标的权重。以产品合格证书的权重 a_1 和累计交易产品数量的权重 a_2 为例，具体计算过程如下：

$$a_1 = 0.3701 \times 0.6438 = 0.2399$$

$$a_2 = 0.3701 \times 0.2297 + 0.185 \times 0.3134 = 0.1430$$

根据同样的方法可以算出其他指标的权重，最终结果为：

$$a = (a_1,\ a_2,\ a_3,\ a_4,\ a_5,\ a_6,\ a_7,\ a_8,\ a_9)$$
$$= (0.2399,\ 0.143,\ 0.0801,\ 0.0416,\ 0.0279,\ 0.0824,\ 0.0399,\ 0.1726,\ 0.1726)$$

通过最终得到的各个指标的权重可以看出，权重最大的指标是供应商所提供的产品合格证书，该指标能够直接反映产品质量，具有客观性和参考价值。关于产品质量的三个指标权重之和约为 37%，相对于其他三类指标更为重要，符合采购方的采购要求。历史交易记录既可以反映产品的质量，也可以反映企业的信誉。虽然该指标具有一定的主观性，但同时也具有一定的客观依据。对于企业的财务状况，担保金的金额可以体现该供应商的偿还能力，是信誉的体现，占比 34%。供应商的服务水平会影响采供双方的长期合作关系，对评价供应商是否有资格参与竞拍起到补充作用。

3.2.2　供应商竞拍资格模糊评分

每个供应商最终的竞拍资格评分值取决于 9 项指标的综合评价，因而需要得到每个供应商 9 项指标的满意度，即隶属度。基于满意度函数法，采用最低标准值、满意临界值、满意度函数给出满意度评价标准，进而计算每个供应商所有指标的隶属度。

1. 符号说明

L：采购方采购产品的总数量；

C_m：采购方采购的预期费用；

u：指标的因素集，$u = (u_1,\ u_2,\ \cdots,\ u_9)$；

r：指标的评判集，$r = (r_1,\ r_2,\ \cdots,\ r_9)$；

u_i：每个指标的数值；

r_i：根据满意度函数得到的 u_i 的隶属度函数；

u_2：累计交易的产品数量；

u_3：其他采购商对该供应商的产品质量评价的好评率；

u_4：成交次数；

u_5：违约次数；

u_6：其他采购商对该供应商的服务质量评价的好评率；

u_7：服务周期；

u_8：供应商在第三方的保证金；

u_9：其他与供应商有利益关系的企业为该供应商提供的保证金。

2. 竞拍资格指标的满意度函数

供应商竞拍资格指标的满意度函数如表 3 - 7 所示。

表 3 - 7　　　　　　　　　　竞拍资格指标的满意度函数

评价指标	评价标准		
	最低标准值	满意临界值	满意度函数
产品认证证书 I_1	地方级优秀证书	国家级优秀证书	地方级优秀证书　0 省级优秀证书　0.7 国家级优秀证书　1
累计交易的产品数量 I_2	0	L	$r_2 = \begin{cases} 0, & u_2 = 0 \\ \dfrac{u_2}{L}, & 0 < u_2 < L \\ 1, & u_2 \geqslant L \end{cases}$
产品质量反馈评价的好评率 I_3	50%	80%	$r_3 = \begin{cases} 0, & u_3 < 50\% \\ \dfrac{u_3}{80\%}, & 50\% < u_3 < 80\% \\ 1, & u_3 \geqslant 80\% \end{cases}$
成交次数 I_4	0	10	$r_4 = \begin{cases} 0, & u_4 = 0 \\ \dfrac{u_4}{10}, & 0 < u_4 < 10 \\ 1, & u_4 \geqslant 10 \end{cases}$
违约次数 I_5	3	0	$r_5 = \begin{cases} 0, & u_5 \geqslant 3 \\ (3 - u_5)/3, & 0 < u_5 < 3 \\ 1, & u_5 = 0 \end{cases}$
服务质量反馈的好评率 I_6	50%	80%	$r_6 = \begin{cases} 0, & u_6 < 50\% \\ \dfrac{u_6}{80\%}, & 50\% < u_6 < 80\% \\ 1, & u_6 \geqslant 80\% \end{cases}$

评价指标	评价标准		
	最低标准值	满意临界值	满意度函数
服务周期（天）I_7	7	30	$r_7 = \begin{cases} 0, & u_7 < 7 \\ \dfrac{u_7}{30}, & 7 < u_7 < 30 \\ 1, & u_7 \geqslant 30 \end{cases}$
公司自身的保证金 I_8	0	C_m	$r_8 = \begin{cases} 0, & u_8 = 0 \\ \dfrac{u_8}{C_m}, & 0 < u_8 < C_m \\ 1, & u_8 \geqslant C_m \end{cases}$
其他企业给予的保证金 I_9	0	C_m	$r_9 = \begin{cases} 0, & u_9 = 0 \\ \dfrac{u_9}{C_m}, & 0 < u_9 < C_m \\ 1, & u_9 \geqslant C_m \end{cases}$

3.2.3　评价矩阵的建立

设 u_{ij} 为第 j 个供应商第 i 个指标的因素值，供应商的因素矩阵 U 可以表示为：

$$U = \begin{pmatrix} u_{11} & u_{12} & \cdots & u_{1n} \\ u_{21} & u_{22} & \cdots & u_{2n} \\ \vdots & \vdots & \vdots & \vdots \\ u_{91} & u_{92} & \cdots & u_{9n} \end{pmatrix}$$

因素矩阵的行表示对于一项指标每个供应商对应的具体数值，矩阵的列表示一个供应商对各项指标的实际值。

令 r_{ij} 为第 j 个供应商第 i 个指标的隶属度，将每个供应商的因素值代入上表给出的满意度函数，可以得到模糊隶属度矩阵 R：

$$R = \begin{pmatrix} r_{11} & r_{12} & \cdots & r_{1n} \\ r_{21} & r_{22} & \cdots & r_{2n} \\ \vdots & \vdots & \vdots & \vdots \\ r_{91} & r_{92} & \cdots & r_{9n} \end{pmatrix}$$

模糊隶属度矩阵的行代表对于一项指标每个供应商的隶属度，矩阵的列代表一个供应商对各项指标的隶属度。

使用模糊评价方法，最终得到模糊评价矩阵 G：

$$G = aR = (a_1,\ a_2,\ \cdots,\ a_9)\begin{pmatrix} r_{11} & r_{12} & \cdots & r_{1n} \\ r_{21} & r_{22} & \cdots & r_{2n} \\ \vdots & \vdots & \vdots & \vdots \\ r_{91} & r_{92} & \cdots & r_{9n} \end{pmatrix} = (g_1,\ g_2,\ \cdots,\ g_n)$$

g_j 为第 j 个供应商的竞拍资格打分值，其中 $j = 1,\ 2,\ \cdots,\ n$。

g_0 为竞拍资格的临界值或阈值，由采购方决定。若 $g_j \geqslant g_0$，则供应商 j 有资格参与竞标；否则淘汰供应商 j，即供应商 j 没有资格参与竞标。

3.2.4　数值分析

假设有 5 个供应商报名参与竞标，每个供应商的初始信息以及拍卖方的满意临界值如表 3 - 8 所示。

表 3 - 8　　　　　　　　　供应商的初始信息及采购方临界值

指标	供应商 1	供应商 2	供应商 3	供应商 4	供应商 5	临界值
I_1	地方级	省级	国家级	国家级	省级	国家级
I_2	200	300	500	400	300	500
I_3	55%	65%	60%	75%	70%	80%
I_4	7	3	2	6	8	10
I_5	2.8	0.5	1	1.5	1.8	3
I_6	50%	60%	80%	70%	60%	80%
I_7	8	10	15	25	30	30
I_8	1000	2000	5000	3000	4000	5000
I_9	1500	800	1200	500	1800	1800

依据表 3 - 7 的隶属度函数，可以计算供应商的模糊隶属度矩阵，如表 3 - 9 所示。

表 3 – 9　　　　　　　　　供应商对各项指标的隶属度

指标	供应商 1	供应商 2	供应商 3	供应商 4	供应商 5
I_1	0	0.7	1	1	0.7
I_2	0.4	0.6	1	0.8	0.6
I_3	0.688	0.813	0.75	0.938	0.875
I_4	0.7	0.3	0.2	0.6	0.8
I_5	0.067	0.833	0.667	0.5	0.4
I_6	0.625	0.75	1	0.875	0.75
I_7	0.267	0.333	0.5	0.833	1
I_8	0.2	0.4	1	0.6	0.8
I_9	0.833	0.444	0.667	0.278	1

综合指标权重值和供应商的隶属度，可以计算每个供应商的得分，即 $G = aR = (0.3837, 0.5754, 0.8599, 0.7252, 0.7806)$。给定拍卖方的阈值为 0.5，则具有竞拍资格的竞标者为供应商 2、供应商 3、供应商 4、供应商 5。

3.3　BOCR-FAHP 方法

在线逆向拍卖中，供应商的信息中包含很多定量和非定量的属性，如质量、信誉、可持续水平等。层次分析能够系统地处理这些定性和定量因素，却忽略专家评判的模糊性及属性本身的不确定性。因此，基于投标属性，综合考虑评价结果的正、负面影响，采用 BOCR-FAHP 方法对供应商的竞拍资格进行评价，更符合复杂的现实社会。

3.3.1　嵌入 BOCR 的多属性评价框架

在多属性决策时，有些属性与决策目标是正相关的，如利益（benefits，B）和机遇（opportunities，O）；有些属性与决策目标是负相关的，如费用（costs，C）和风险（risks，R）。通常，B 表示带来收益的属性，O 表示带来潜在收益的属性，C 表示带来损失的属性，R 表示带来潜在损失的属性。嵌入

BOCR 的多属性评价框架如图 3 – 3 所示。

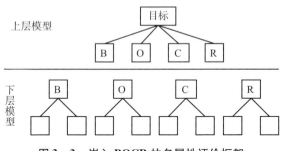

图 3 – 3　嵌入 BOCR 的多属性评价框架

　　具体而言，上层是控制层，用于计算 B、O、C、R 四类不同属性的权重；下层是分类评价层，用于计算不同供应商在不同类型属性下的评价值。综合上层权重值和下层评价值，可以计算供应商的最终得分，进而为采购方筛选合格的供应商，进入竞拍环节。

3.3.2　模糊层次分析法

　　模糊理论是扎德（Zadeh）在 1965 年首先提出的，并广泛应用于各种领域。这是由于很多决策问题都具有模糊性或不确定性，若忽略这一特征，则有可能获得错误的结论。不失一般性，本节使用三角模糊数对属性进行描述。模糊层次分析法是将模糊性引入层次分析法中，采用模糊理论的相关知识对各项指标进行评价。

　　1. 符号说明

　　$\tilde{D}$：三角模糊数，$\tilde{D} = (h^-,\ h,\ h^+)$；

　　T：专家集合，$T = \{1,\ 2,\ \cdots,\ s\}$；

　　t：专家的索引号，$t \in T$；

　　I：供应商集合，$I = \{1,\ 2,\ \cdots,\ n\}$；

　　i：供应商索引号，$i \in I$；

　　M：比较对象的集合，$j,\ k \in M = \{1,\ 2,\ \cdots,\ m\}$；

　　M_k^j：第 j 个对象与第 k 个对象比较所得的模糊数，j 和 k 是对象的索引号。

2. FAHP 的计算方法

模糊层次分析法的计算步骤如下：

步骤 1：计算三角模糊数 $\tilde{D}$。假设 (l_t, m_t, u_t) 是专家 t 对某个属性的打分，那么：

$$h^- = \left(\prod_{t=1}^{s} l_t\right)^{\frac{1}{s}}, \quad h = \left(\prod_{t=1}^{s} m_t\right)^{\frac{1}{s}}, \quad h^+ = \left(\prod_{t=1}^{s} u_t\right)^{\frac{1}{s}}$$

步骤 2：计算各个对象的权重。

假设 $M_1 = (m_1^-, m_1, m_1^+)$，$M_2 = (m_2^-, m_2, m_2^+)$ 是两个三角模糊数。

（1）当 $m_1^- \geqslant m_2^-$，$m_1 \geqslant m_2$，$m_1^+ \geqslant m_2^+$ 时，$V(M_1 \geqslant M_2) = 1$；

（2）定义 $M_k^j = [M_{kj}^-, M_{kj}, M_{kj}^+]$，$\sum\limits_{j=1}^{m} M_k^j = \left(\sum\limits_{j=1}^{m} M_{kj}^-, \sum\limits_{j=1}^{m} M_{kj}, \sum\limits_{j=1}^{m} M_{kj}^+\right)$，

$$\left[\sum_{k=1}^{m}\sum_{j=1}^{m} M_k^j\right]^{-1} = \left(\frac{1}{\sum\limits_{k=1}^{m}\sum\limits_{j=1}^{m} M_{ij}^+}, \frac{1}{\sum\limits_{k=1}^{m}\sum\limits_{j=1}^{m} M_{ij}}, \frac{1}{\sum\limits_{k=1}^{m}\sum\limits_{j=1}^{m} M_{ij}^-}\right),$$

$F_i = \sum\limits_{j=1}^{m} M_k^j \otimes \left[\sum\limits_{k=1}^{m}\sum\limits_{j=1}^{m} M_k^j\right]^{-1}$，

$V(F \geqslant F_1, F_2 \cdots F_m) = \min V(F \geqslant F_k)$，$k = 1, 2, \cdots, m$，

$w_k' = d(F_k) = \min V(F_k \geqslant F_j)$，$j = 1, 2, \cdots, m$ and $k \neq j$，

则 m 个对象的权重可表示为：

$W' = (w_1', w_2', \cdots, w_m')^T$；

步骤 3：权重归一化。归一化后的权重形式如下：

$W = (w_1, w_2, \cdots, w_m)^T$。

3.3.3　嵌入 BOCR 的 FAHP 评价方法

嵌入 BOCR 的模糊层次分析的基本步骤如下：

步骤 1：定义筛选合格供应商问题的评价指标，并制定评价标准；

步骤 2：将问题分解为控制层（上层模型）和评价层（下层模型）；

步骤 3：根据上层模型和下层模型分别制定专家打分表（如果专家打分不满足一致性条件，则需要专家重新打分）；

步骤 4：根据专家打分，计算各个对象的权重；

步骤 5：综合各个对象的权重；

步骤6：计算各个供应商的最终得分，公式为：

$$G_i = bB_i + oO_i + c(1 - C_i) + r(1 - R_i)$$

式中，G_i 是第 i 个供应商的最终得分，B_i、O_i、C_i、R_i 分别是下层模型中第 i 个供应商在绩效指标 B、O、C、R 下的得分，b、o、c、r 是采购方分配给不同绩效指标的权重系数。

3.3.4 数值分析

假设采购商要通过电子逆向拍卖采购某种产品，为保证采购商的利益，同时考虑与供应商之间的合作关系，需要对供应商的竞拍资格进行评价。评估以后，依据拍卖方的阈值，淘汰不满足采购商需求的供应商。

首先，成立专家小组，定义评价指标，制定评价标准。上层模型中的评价指标包括质量、可持续水平、信誉以及服务；下层模型中的评价指标包括产品质量、产品服务、产品技术、双方关系、产品费用、管理费用、产品信誉、财务状况，具体指标包括产品原料、产品工艺、服务周期、服务质量、技术水平、发展前景、关系状况、关系发展、原料费用、其他费用、管理水平、培训管理、信誉水平、财务预算、财政风险、利润水平。

其次，将问题分解为上层模型和下层模型（如图3-4和图3-5所示）。

接着，制定专家打分表。对于多个专家的打分，具体计算过程如下：假设三个供应商对某一属性的打分分别为：（1，2，3），（1，1，2），（2，3，5），则有 $h^- = (1 \times 1 \times 2)^{\frac{1}{3}} = 1.26$，$h = (2 \times 1 \times 3)^{\frac{1}{3}} = 1.82$，$h^+ = (3 \times 2 \times 5)^{\frac{1}{3}} = 3.11$。故而对应于该属性的综合打分为（1.26，1.82，3.11）。下面以上层模型为例，给出具体的计算过程。

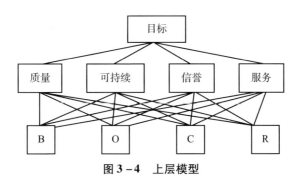

图3-4 上层模型

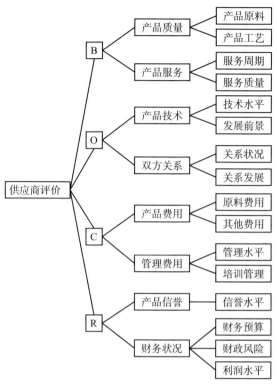

图 3 - 5　下层模型

假设专家对质量、可持续水平、信誉和服务的综合打分如表 3 - 10 所示。

表 3 - 10　　　　　　　　　控制层绩效指标打分

指标	质量	可持续	信誉	服务
质量	(1, 1, 1)	(1.26, 1.82, 3.11)	(1, 2, 3)	(1.32, 2.42, 3.48)
可持续	(0.32, 0.55, 0.79)	(1, 1, 1)	(0.34, 0.53, 0.87)	(1.25, 2.17, 3.11)
信誉	(0.33, 0.5, 1)	(1.15, 1.89, 2.94)	(1, 1, 1)	(1, 1, 2)
服务	(0.29, 0.41, 0.76)	(0.32, 0.46, 0.8)	(0.5, 1, 1)	(1, 1, 1)

具体计算如下：

$$\sum_{k=1}^{m} \sum_{j=1}^{m} M_k^j = (1, 1, 1) + (1.26, 1.82, 3.11) + \cdots + (1, 1, 1) = (13.08, 18.75, 26.86),$$

$$\left[\sum_{k=1}^{m}\sum_{j=1}^{m}M_k^j\right]^{-1} = (0.037,\ 0.053,\ 0.076);$$

$$\sum_{j=1}^{m}M_1^j = (1,\ 1,\ 1) + (1.26,\ 1.82,\ 3.11) + (1,\ 2,\ 3) + (1.32,\ 2.42,$$

$$3.48) = (4.58,\ 7.24,\ 10.59),$$

$$\sum_{j=1}^{m}M_2^j = (2.91,\ 4.25,\ 5.77),$$

$$\sum_{j=1}^{m}M_3^j = (3.48,\ 4.39,\ 6.94),$$

$$\sum_{j=1}^{m}M_4^j = (2.11,\ 2.87,\ 3.56);$$

$$F_1 = \sum_{j=1}^{m}M_1^j \otimes \left[\sum_{k=1}^{m}\sum_{j=1}^{m}M_k^j\right]^{-1} = (4.58 \times 0.037,\ 7.24 \times 0.053,\ 10.59 \times$$

$$0.076) = (0.169,\ 0.384,\ 0.805),$$

$$F_2 = (0.108,\ 0.225,\ 0.439),$$

$$F_3 = (0.129,\ 0.233,\ 0.527),$$

$$F_4 = (0.078,\ 0.152,\ 0.271);$$

$$V(F_1 \geqslant F_2) = 1,\ V(F_1 \geqslant F_3) = 1,\ V(F_1 \geqslant F_4) = 1;$$

$$V(F_2 \geqslant F_1) = \frac{(n_1^- - n_2^+)}{[(n_1^- - n_1) - (n_2^+ - n_2)]} = 0.629,\ V(F_2 \geqslant F_3) = 0.977,$$

$$V(F_2 \geqslant F_4) = 1;$$

$$V(F_3 \geqslant F_1) = 0.703,\ V(F_3 \geqslant F_2) = 1,\ V(F_3 \geqslant F_4) = 1;$$

$$V(F_4 \geqslant F_1) = 0.304,\ V(F_4 \geqslant F_2) = 0.690,\ V(F_4 \geqslant F_3) = 0.638;$$

相应的权重计算如下:

$$d(F_1) = \min V(F_1 \geqslant F_2,\ F_3,\ F_4) = \min(1,\ 1,\ 1) = 1,$$

$$d(F_2) = \min V(F_2 \geqslant F_1,\ F_3,\ F_4) = \min(0.629,\ 0.977,\ 1) = 0.629,$$

$$d(F_3) = \min V(F_3 \geqslant F_1,\ F_2,\ F_4) = \min(0.703,\ 1,\ 1) = 0.703,$$

$$d(F_4) = \min V(F_4 \geqslant F_1,\ F_2,\ F_3) = \min(0.304,\ 0.690,\ 0.638) = 0.304;$$

$$W' = [d(F_1),\ d(F_2),\ d(F_3),\ d(F_4)] = (1,\ 0.692,\ 0.703,\ 0.304);$$

归一化后的权重为:

$$W = (0.379,\ 0.239,\ 0.267,\ 0.115);$$

同理可以求出上层模型和下层模型中其他指标的权重,结果见表 3 – 11 和表 3 – 12。

表 3 – 11　　　　　　　　　　　　BOCR 权重系数的确定

指标	质量 0.379	可持续 0.239	信誉 0.267	服务 0.115	BOCR 权重系数
B	0.367	0.424	0.330	0.112	0.341
O	0.342	0.341	0.232	0.173	0.293
C	0.170	0.105	0.325	0.318	0.213
R	0.121	0.130	0.113	0.397	0.153

表 3 – 12　　　　　　　　　　　　对应属性的权重

属性	权重	属性	权重	属性	权重	全局权重
B	0.341	产品质量	0.237	产品原料	0.776	0.184
				产品工艺	0.224	0.053
		产品服务	0.763	服务周期	0.180	0.137
				服务质量	0.820	0.626
O	0.293	产品技术	0.252	技术水平	0.292	0.074
				发展前景	0.708	0.178
		双方关系	0.748	关系状况	0.764	0.571
				关系发展	0.236	0.177
C	0.213	产品费用	0.500	原料费用	0.677	0.338
				其他费用	0.323	0.162
		管理费用	0.500	管理费用	0.693	0.346
				培训费用	0.307	0.154
R	0.153	产品信誉	0.265	信誉水平	1.000	0.265
				财务预算	0.356	0.262
		财务状况	0.735	财务风险	0.499	0.367
				利润水平	0.145	0.106

由表 3 – 12 可知，当考虑 B 时，服务质量相对于其他属性较重要；当考虑 O 时，关系状况相对于其他属性较重要；当考虑 C 时，管理水平和原料费用较重要；当考虑 R 时，采购商更关注财务风险。

考虑 b、o、c、r 的最终结果如表 3 – 13 所示。

表 3 – 13   供应商的最终得分

供应商	B (0.341)		O (0.293)		C (0.213)		R (0.153)		最终得分
	总分	归一	总分	归一	总分	归一	总分	归一	
S1	0.859	0.194	0.845	0.201	0.893	0.203	0.770	0.192	0.418
S2	0.914	0.207	0.818	0.195	0.889	0.202	0.810	0.201	0.420
S3	0.909	0.206	0.857	0.204	0.837	0.190	0.866	0.215	0.423
S4	0.855	0.193	0.822	0.195	0.886	0.202	0.792	0.197	0.416
S5	0.882	0.200	0.864	0.205	0.891	0.203	0.785	0.195	0.421

由表 3 – 13 中最终得分可知，给定拍卖方的阈值为 0.42，则供应商 1 和供应商 4 被淘汰，而供应商 2、供应商 3 和供应商 5 参与竞标。与此同时，选择供应商 3 时采购商的效用最好。比较 S2 和 S3 可知，虽然供应商 2 的正面因素评价值高于供应商 3 的正面因素评价值，由于供应商 2 同时也具有较高的负面因素，因此综合考虑正面因素和负面因素之后选择了供应商 3。因此，对于风险规避的采购商来说，选择 BOCR-FAHP 评价方法更合适。

表 3 – 14 是基于传统层次分析法的评价结果。由于没有考虑模糊性，因此表 3 – 13 中的评价结果与表 3 – 14 中的评价结果相比，供应商的得分和排序都不同。给定拍卖方的阈值为 0.2，则供应商 2 和供应商 5 被淘汰，而供应商 1、供应商 3 和供应商 4 参与竞标。由于人类判断的模糊性和属性本身的不确定性，因此与层析分析法相比，使用模糊层次分析法对供应商进行评价更符合实际情况。

表 3 – 14   层次分析法的评价结果

供应商	产品原料 0.103	产品工艺 0.356	服务周期 0.443	服务质量 0.097	最终得分
S1	0.185	0.190	0.213	0.212	0.202
S2	0.213	0.205	0.191	0.187	0.198
S3	0.208	0.210	0.193	0.189	0.200
S4	0.203	0.203	0.197	0.210	0.201
S5	0.191	0.192	0.206	0.202	0.199

3.4　本 章 小 结

　　层次分析法是定性分析和定量计算相结合的多属性决策方法，自提出以来受到了广泛关注，应用范围也十分广泛。但是，这种方法未能很好地描述人类判断的模糊性及指标属性本身的不确定性。大量的已有研究表明，将三角模糊理论引入层次分析法可以提高决策效果。本章在考虑电子逆向拍卖特征的基础上，分析了电子逆向拍卖的优缺点。针对电子逆向拍卖中供应商竞拍资格评价问题，设计了两种多属性决策方法，即基于 AHP 与 FEC 的 AHP-FEC 方法和基于 BOCR 与 FAHP 的 BOCR-FAHP 方法，用于计算不同供应商的评价值，以淘汰不符合要求的竞标者。与此同时，本书设计了多属性评价的数值算例，并通过数值算例验证了决策框架与方法的可行性和有效性。嵌入 BOCR 的 FAHP 方法最大的特点是综合考虑了影响评价结果的正、负面因素，以对供应商做出全面的评价。算例分析结果表明，BOCR-FAHP 方法更适合风险规避的决策者，这样可以对各项评价指标做出更理性的评价；与层次分析法相比，模糊层次分析法更符合复杂的现实社会。

　　本章的研究将传统的多属性决策方法应用到电子逆向拍卖供应商资格审查中，不仅可以提高采购效率，而且有助于建立采购商和供应商之间的信任关系。

第4章 单产品多件物品电子逆向拍卖胜者确定问题研究

　　长期以来，胜者确定问题一直是管理学、经济学、运筹学等领域的研究热点之一，关于这方面的研究也取得了丰富的成果。作为一种全新的采购工具，电子逆向拍卖能为供应商和采购商节省成本、提高交易效率、增加市场透明性，越来越多的采购组织采用电子逆向拍卖采购产品或服务。但是，埃米利亚尼（Emiliani，2004）强调，更换供应商所引起的重复计划将会产生更高的费用，瓦格纳和施瓦布（2004）指出，通过与现有供应商之间的合作也可以降低采购费用。为此，采购商确定胜标者时考虑供应商的转换费用十分必要。户珥等（Hur et al.，2007）提出考虑供应商转换费用的概念模型，发现仅考虑价格费用时采购商的最终利润将减少。泰奇等（Teich et al.，2004）指出，由于产品不同的质量、性质以及交易条款，采用电子逆向拍卖时必须考虑交易产品的多属性。霍等（Ho et al.，2010）对多属性胜标确定问题的决策方法进行综述，包括数据包络分析法、数学规划法以及层次分析法等。

　　此外由于采购企业和供应商之间缺乏了解与信任，采购商和供应商之间的关系是电子逆向拍卖胜者确定问题必须考虑的重要因素。本章主要探讨考虑供应商的转换费用及其与采购商之间商务关系的胜者确定问题，并将其扩展到考虑供应模式、损失规避、竞标者类型、折扣因素的场景。基于此，本章首先提出一般情形下基本的两阶段投标决策框架，构建了基本的胜者确定模型，设计了基于问题特征的启发式算法——最低单位价格优先，并通过数值算例验证了所提模型和方法的有效性。其次，考虑供应商不同的供应模式，构建了改进的胜者确定模型，并设计了基于问题特征的启发式算法——最低点优先。接着，考虑采购商的损失规避行为，构建了相应的胜者确定模型，设计了混合蚁群算法。与此同时，考虑到互联网动态开放的特征，构建了竞标者包括分销商和生产商的胜者确定模型，设计了基于问题特征的启发式算法——最低平均单位价格优先。最后，考虑供应商能够提供数量折扣和交货期折扣，建立了相应的胜者确定模型，设计了基于模型特征的枚举算法，并通过数值算例验证了所提模型和方法的有效性。

4.1　一般情形下的单产品多件物品胜者确定问题

4.1.1　问题描述及模型

假设采购商需要采购 L 个物品，任何一个供应商的供应能力都不能满足采购需求，因此采购商需要从多个供应商那里进行采购。供应商 i 的供应能力为 L_i。参与投标的供应商相互竞争以获取最终的供应权。假设采购商的总成本包括采购费用、管理费用及转换成本，其中采购费用包括产品费用、运输费、物料费及工人工资等。转换成本是采购商选择新供应商而不选择原有供应商所带来的额外费用。显然，考虑转换成本提高了采购商选择新供应商的成本，可以增加原有供应商对采购商的信任，有利于采购商与原有供应商建立长期的合作关系，进而提高电子逆向拍卖的采购效率，可以改善供应商对电子逆向拍卖不满的态度。另一方面，综合考虑采购成本和供应商的多属性，采购商可以更好地权衡短期利益和长期利益，从而选择最合适的供应商。

1. 符号说明

p_i：第 i 个供应商产品的单位价格；

k：管理费用；

q_i：供应商 i 的转换成本。如果供应商是新来的，那么 $q_i = q$，否则 $q_i = 0$；

ρ_i：供应商 i 的惩罚费用；

G_i：供应商 i 的打分值，可由 FAHP-BOCR 或 AHP-FEC 评价方法获得；

x_i：二进制决策变量，如果选择供应商 i，那么 $x_i = 1$，否则 $x_i = 0$；

y_i：整数决策变量，表示供应商 i 提供的产品数量；

L_i：供应商 i 的供应能力；

d_i：供应商 i 的交货期；

D：采购商要求的交货期。

2. 模型建立

基于上述定义，建立单产品多件物品胜者确定问题的多目标决策模型如下：

$$\min \sum_{i=1}^{n} p_i y_i + k \sum_{i=1}^{n} x_i + \sum_{i=1}^{n} q_i x_i + \rho_i \sum_{i=1}^{n} (d_i - D)^+ \tag{4-1}$$

$$\max \sum_{i=1}^{n} G_i x_i \tag{4-2}$$

s. t.

$$\sum_{i=1}^{n} y_i \geq L \tag{4-3}$$

$$y_i \leq x_i L_i \quad i = 1, \cdots, n \tag{4-4}$$

$$x_i \in \{0, 1\} \quad i = 1, \cdots, n \tag{4-5}$$

$$y_i \in \mathbb{N} \quad i = 1, \cdots, n \tag{4-6}$$

式（4-1）表示最小化采购商的费用目标，包括总的采购成本和拖期惩罚等。式（4-2）是最大化供应商的多属性值。式（4-3）、式（4-4）分别是采购商的需求约束和供应商的能力约束。式（4-5）、式（4-6）分别是决策变量的类型。

上述多目标线性问题不可以用一般的方法求解，因为如果需要在 n 个供应商中选择 m 个供应商，那么当 n 足够大时，可能会产生组合爆炸的问题，无法在多项式时间内获得满意结果。因此，本书采用最低单位价格优先（Lowest Unit Price First，LUPF）启发式算法进行求解。

4.1.2　LUPF 启发式算法

先将多目标转化为单目标：

$$\min \sum_{i=1}^{n} p_i y_i + k \sum_{i=1}^{n} x_i + \sum_{i=1}^{n} q_i x_i + \rho_i \sum_{i=1}^{n} (d_i - D)^+ - A \sum_{i=1}^{n} G_i x_i \tag{4-7}$$

s. t.

$$\sum_{i=1}^{n} y_i \geq L \tag{4-8}$$

$$y_i \leq x_i L_i \quad i = 1, \cdots, n \tag{4-9}$$

$$x_i \in \{0, 1\} \quad i = 1, \cdots, n \tag{4-10}$$

$$y_i \in \mathbb{N} \quad i = 1, \cdots, n \tag{4-11}$$

式中，A 是参数，例如，可以令 $A = \dfrac{r_b \cdot L}{2}$，其中 r_b 可以是采购商的保留价格。定义 $\Delta d_i = (d_i - D)^+ = d_i - D \geqslant 0$，则 LUPF 可以描述为：

步骤 1：定义 x_i 的系数为：$K_i = p_i L_i + k + q_i + \rho_i \Delta d_i - A G_i$；

步骤 2：计算供应商 i 的系数，定义权重系数为：$W_i = \dfrac{K_i}{L_i}$；

步骤 3：将所有供应商的权重升序排列；

步骤 4：选择合适的供应商并确定其供应量。选择前 m 个系数较小的供应商给采购商进行供应，其中前 $m-1$ 个供应商的供应量为 L_i（$i = 1, \cdots, m-1$），第 m 个供应商的供应量为 $\left(L - \sum\limits_{i=1}^{m-1} L_i\right)$。

通过该启发式算法，可以为采购商找到一个有效的解决方案。

4.1.3　数值分析

假设有 10 个供应商参与投标，投标形式为第一价格封标拍卖，所涉及的参数如下：

价格向量为 $P = [5\ 8\ 4\ 7\ 6\ 7.5\ 6.5\ 4.5\ 8.5\ 5.5]$

供应能力向量为 $Z = [950\ 700\ 300\ 400\ 800\ 600\ 750\ 850\ 900\ 550]$

系数向量为 $G = [0.68\ 0.64\ 0.85\ 0.77\ 0.89\ 0.98\ 0.95\ 1.48\ 1.32\ 1.52]$

拖期向量为 $\Delta d = [1\ 0\ 5\ 1\ 3\ 0\ 2\ 4\ 0\ 1]$

转换成本向量为 $q = [0\ 1000\ 0\ 0\ 1000\ 0\ 0\ 1000\ 0\ 1000]$，$k = 1500$，$L = 3900$

结果如表 4-1 所示。表 4-1 中 $C = \sum\limits_{i=1}^{n} p_i y_i$ 是产品的总价格，$C1$ 和 $C2$ 分别表示式（4-1）和式（4-2）。

该算例用到两个参数 ρ 和 A，改变参数值，可以得到不同组合的供应商。这样，采购商就可以通过改变参数值来调整他自己的偏好，从而采购到更合适的产品。

表 4 – 1　　　　　　　　　　　　　　算例结果

ρ_i	A	1	2	3	4	5	6	7	8	9	10	C	$C1$	$C2$
1000	1000	1	0	0	0	0	1	1	1	1	1	25475	44475	6.93
		950	0	0	0	0	600	750	150	900	550			
0	1000	1	0	1	0	1	0	1	1	0	1	20675	32675	6.37
		950	0	300	0	500	0	750	850	0	550			
1000	0	1	1	0	0	0	1	1	0	1	0	27375	38875	4.57
		950	700	0	0	0	600	750	0	900	0			
0	0	1	0	1	0	1	1	1	1	0	0	21325	32325	5.83
		950	0	300	0	800	250	750	850	0	0			

从表 4 – 1 的第 5 列可知，当考虑多属性时，采购商不一定会选择单位价格最低的供应商。从第 13 列和第 15 列可知，如果采购商要选择属性值高的供应商，那么供应商的产品总费用不一定是最高的。

比较 $\rho = 1000$、$A = 0$ 和 $\rho = 0$、$A = 0$ 这两行可知，考虑多目标时采购商所承担的产品费用不一定比只考虑单目标时的费用更高。

比较 $\rho = 1000$、$A = 0$ 和 $\rho = 0$、$A = 0$ 这两行可知，不考虑属性值为目标时所选供应商的属性一定不是最高的。

比较 $\rho = 0$、$A = 1000$ 和 $\rho = 0$、$A = 0$ 这两行可知，不考虑拖期惩罚时采购商可能要承担额外的风险。

比较 $\rho = 0$、$A = 1000$ 和 $\rho = 1000$、$A = 0$ 这两行可知，只考虑单目标的情况严格劣于考虑多目标的情况。由最后一行可知，供应商的属性值和产品费用都不是最优的，因此这两个参数不能设置为 0。

此外，可以推测，供应商的单位产品价格越低、产品数量越大、属性值越高就越容易被选中。通过这种选择方法，采购商既可以充分估计总的采购成本，又不会损害与供应商之间的合作关系，从而实现了资源的优化配置。这也说明了本书所建立模型和算法的有效性。

4.2　考虑供应模式的单产品多件物品胜者确定问题

4.2.1　问题描述及模型

1. 问题描述

假设采购商需要采购 Q 个物品,任何一个供应商的供应能力都不能满足采购需求,因此采购商需要从多个供应商那里进行采购。供应商 i 可以提供 j 种供应模式,供应能力隐含在供应模式中。依据已有文献(Ray et al., 2011),每个供应商提供基于多属性的投标形式为:$X_i = (X_{i1}, X_{i2})$,其中 $X_{i1} = \{(p_{i1}, q_{i1}, d_{i1}), \cdots, (p_{ij}, q_{ij}, d_{ij})\}$,$q_{i1} < \cdots < q_{ij}$,$X_{i2} = (x_{i1}, \cdots, x_{ik})$,$i \in I = \{1, \cdots, n\}$ 是供应商索引号,$j \in J = \{1, \cdots, m\}$ 是供应模式索引号,$k \in K = \{1, \cdots, l\}$ 是属性索引号。参与投标的供应商相互竞争以获取最终的供应权。

通卡和吴(Tunca and Wu, 2009)提出了两阶段投标过程,在第一阶段投标结束后,用第二阶段投标对第一阶段的价格和数量进行调整,并分析了一阶段投标和两阶段投标的适用范围。由于拟采购物品价值的不确定性,考虑多阶段价格探索有利于对物品做出正确的估计,本节提出的两阶段投标过程如图 4-1 所示。第一阶段采用动态投标,供应商的价格是不可见的。对于供应商的每一个投标,系统会分配一定数量的产品。如果对所得到的产品数量不满意,供应商可以重新投标。第二阶段采用第一价格密封投标,采购商根据该阶段的投标情况确定最终的胜者。

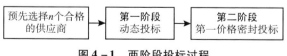

图 4-1　两阶段投标过程

本节考虑最小化总的采购成本和最大化供应商的属性值,以改善供应商和采购商之间的合作关系,进而选择符合采购商利益的供应商。

2. 模型假设

（1）某采购商需要采购一种特定的产品，但要求是多件；

（2）供应商是互补的，可以相互替代；

（3）供应商的供应能力是有限的，一个供应商无法满足采购需求；

（4）供应模式中的单位价格服从"U"型分布，即随着供应量的增加，产品的单位价格先减少后增加。

3. 符号说明

p_{ij}：供应商 i 第 j 种供应模式的单位价格；

p_a：管理费用；

p_s：供应商的转换成本，如果是新供应商，则 $p_s = p_0$，否则 $p_s = 0$，即 $p_s \in \{0, p_0\}$；

p_p：拖期惩罚费用；

S_i：第 i 个供应商的属性值打分，$S_i = \sum_{k=1}^{l} w_k f(x_{ik})$；

q_{ij}：第 i 个供应商提供的第 j 种供应模式的产品数量，$\forall q_{ij} < Q$；

d_{ij}：第 i 个供应商提供的第 j 种供应模式的交货期；

Q：总的采购量；

D：采购商所要求的交货期；

α：调节属性值打分与价格的参数；

y_{ij}：二进制决策变量，如果选择供应商 i 的第 j 种模式，则 $y_{ij} = 1$，否则 $y_{ij} = 0$，即 $y_{ij} \in \{0, 1\}$。

4. 模型建立

基于上述定义，单产品多件物品胜者确定模型如下：

$$\min \sum_{i=1}^{n} \sum_{j=1}^{m} p_{ij} q_{ij} y_{ij} + p_a \sum_{i=1}^{n} \sum_{j=1}^{m} y_{ij} + p_s \sum_{i=1}^{n} \sum_{j=1}^{m} y_{ij} + p_p \sum_{i=1}^{n} \sum_{j=1}^{m} (d_{ij} - D)^+ y_{ij}$$

$$(4 - 12)$$

$$\max \sum_{i=1}^{n} \sum_{j=1}^{m} S_i y_{ij} \qquad (4 - 13)$$

s. t.

$$\sum_{i=1}^{n} \sum_{j=1}^{m} q_{ij} y_{ij} = Q \qquad (4 - 14)$$

$$\sum_{j=1}^{m} y_{ij} \leqslant 1 \quad \forall i \in I \tag{4-15}$$

$$y_{ij} \in \{0, 1\} \quad \forall i \in I, \ \forall j \in J \tag{4-16}$$

式（4-12）至式（4-16）是 0-1 规划模型。式（4-12）、式（4-13）是目标函数：式（4-12）是最小化采购费用、管理费用、转换费用和拖期惩罚费用；式（4-13）是最大化属性值打分。式（4-14）至式（4-16）是约束条件：式（4-14）是采购需求约束；式（4-15）表示每个供应商至多有一种供应模式被选中；式（4-16）是决策变量约束。为解决该问题，本节提出最低点优先（Lowest Point First，LPF）的启发式算法。

4.2.2　LPF 启发式算法

将多目标转化为单目标，则模型等价为：

$$\min \sum_{i=1}^{n} \sum_{j=1}^{m} p_{ij} q_{ij} y_{ij} + p_a \sum_{i=1}^{n} \sum_{j=1}^{m} y_{ij} + p_s \sum_{i=1}^{n} \sum_{j=1}^{m} y_{ij} + p_p \sum_{i=1}^{n} \sum_{j=1}^{m} (d_{ij} - D)^+ y_{ij}$$
$$- \alpha \sum_{i=1}^{n} \sum_{j=1}^{m} S_i p_{ij} q_{ij} y_{ij} \tag{4-17}$$
$$\text{s. t.}$$

$$\sum_{i=1}^{n} \sum_{j=1}^{m} q_{ij} y_{ij} = Q \tag{4-18}$$

$$\sum_{j=1}^{m} y_{ij} \leqslant 1 \quad \forall i \in I \tag{4-19}$$

$$y_{ij} \in \{0, 1\} \quad \forall i \in I, \ \forall j \in J \tag{4-20}$$

据此，本书设计了 LPF 启发式算法，具体步骤为：

步骤 1：令 $r_{ij} \leftarrow \dfrac{p_{ij} q_{ij} + p_a + p_s + p_p (d_{ij} - D)^+ - \alpha S_i p_{ij} q_{ij}}{q_{ij}}$，$y_{ij} = 0$，$i \leftarrow 1$，$R \leftarrow I$；

步骤 2：$r_{ij}^* \leftarrow \min\{r_{ij}\}$，将 r_{ij}^* 升序排列；

步骤 3：如果 $i \leqslant n$ 且 $\sum_{i=1}^{n} \sum_{j=1}^{m} q_{ij} y_{ij} < Q$，则 $y_{ij} = 1$，$i \leftarrow i+1$，$R \leftarrow R-i$，重复步骤 3；

步骤 4：如果 $i \leqslant n$ 且 $\sum_{i=1}^{n} \sum_{j=1}^{m} q_{ij} y_{ij} > Q$，则 $q'_{ij} \leftarrow Q - \sum_{i=1}^{n} \sum_{j=1}^{m} q_{ij} y_{ij}$，找出 R 中所有 $q'_{ij} = q_{ij}$ 的供应模式，$r'_{ij} \leftarrow \min\{r_{ij}\}$，$y_{ij} = 1$。

4.2.3 数值分析

本节给出一个数值算例，用来说明模型的作用和算法的有效性。假设企业需要通过电子逆向拍卖采购 300 个某种产品，有 10 位供应商参与投标，每个供应商提供 5 种供应模式。采购商需要在投标结束后确定胜出的供应商，每个供应商至多有一个投标模式被选中。

算例中参数 $Q = 300$，$p_a = 80$，$p_0 = 40$，$p_p = 50$，$D = 3$，且供应商 1、供应商 4、供应商 7、供应商 9 是新供应商。供应商的投标数据和针对多属性的综合评价结果分别见表 4-2 和表 4-3。其中假设供应商的供应模式的报价是"U"型的，即刚开始产品的价格随着产品数量的增加而减少，当产品价格减少到一定的程度的时候又会随着产品数量的增加而增加。

表 4-4 中，参数 O_1 表示式（4-12）的目标函数值，参数 O_2 表示式（4-13）的目标函数值。令 $C = \sum_{i=1}^{n} \sum_{j=1}^{m} p_{ij} q_{ij} y_{ij}$ 表示采购商所承担的产品费用，胜标者表示最终所选择的供应商。

表 4-2　　　　　　　　　　　　　价格投标数据

序号	模式 1	模式 2	模式 3	模式 4	模式 5
1	(28.6, 10, 5)	(27.2, 20, 6)	(26.8, 30, 7)	(25.9, 40, 8)	(26.1, 50, 9)
2	(28.8, 10, 4)	(28.0, 20, 5)	(27.4, 30, 6)	(26.5, 40, 7)	(27.6, 50, 8)
3	(29.0, 10, 3)	(28.7, 20, 4)	(28.2, 30, 5)	(27.8, 40, 6)	(28.5, 50, 7)
4	(29.2, 10, 5)	(28.0, 20, 6)	(26.9, 30, 7)	(25.7, 40, 8)	(26.2, 50, 9)
5	(29.4, 10, 4)	(28.2, 20, 5)	(27.1, 30, 6)	(25.9, 40, 7)	(26.4, 50, 8)
6	(29.6, 10, 3)	(28.7, 20, 4)	(27.7, 30, 5)	(26.2, 40, 6)	(27.5, 50, 7)
7	(27.6, 10, 6)	(27.0, 20, 7)	(26.4, 30, 8)	(25.5, 40, 9)	(26.0, 50, 10)
8	(28.8, 10, 5)	(27.2, 20, 7)	(26.8, 30, 8)	(25.9, 40, 9)	(26.1, 50, 10)
9	(28.9, 10, 4)	(27.5, 20, 6)	(26.7, 30, 7)	(26.0, 40, 8)	(26.5, 50, 9)
10	(29.0, 10, 3)	(28.2, 20, 5)	(27.0, 30, 6)	(26.2, 40, 7)	(26.7, 50, 9)

表4－3　　　　　　　　　　　多属性投标数据及打分结果

序号	财务 (0.12)	管理 (0.06)	技术 (0.21)	服务 (0.06)	供货 (0.12)	运行 (0.06)	材料 (0.18)	资源 (0.08)	信誉 (0.11)	总分
1	0.6	0.85	0.8	0.7	0.8	0.68	0.88	0.8	0.8	0.780
2	0.65	0.8	0.75	0.7	0.8	0.65	0.85	0.75	0.8	0.762
3	0.6	0.8	0.8	0.75	0.8	0.7	0.8	0.75	0.75	0.758
4	0.65	0.75	0.8	0.75	0.8	0.7	0.8	0.8	0.75	0.765
5	0.7	0.7	0.75	0.65	0.8	0.75	0.85	0.75	0.8	0.765
6	0.75	0.7	0.8	0.65	0.8	0.7	0.85	0.8	0.75	0.777
7	0.7	0.75	0.8	0.7	0.8	0.65	0.8	0.75	0.75	0.761
8	0.75	0.65	0.75	0.7	0.8	0.65	0.8	0.8	0.75	0.760
9	0.8	0.65	0.75	0.75	0.8	0.7	0.75	0.75	0.75	0.759
10	0.8	0.7	0.7	0.75	0.8	0.75	0.75	0.8	0.75	0.753

注：（ ）内是权重。

表4－4　　　　　　　　　　　　参数 α 的影响

α	O_1	O_2	C	胜标者
0.2	10059	5.36	7919	y_{15}，y_{24}，y_{34}，y_{45}，y_{54}，y_{64}，$y_{104}=1$
0.5	10073	5.354	7933	y_{15}，y_{24}，y_{34}，y_{55}，y_{64}，y_{94}，$y_{104}=1$
0.7	10061	5.36	7921	y_{15}，y_{24}，y_{34}，y_{44}，y_{55}，y_{64}，$y_{104}=1$
1	10160	5.36	8020	y_{15}，y_{25}，y_{34}，y_{43}，y_{55}，y_{64}，$y_{104}=1$
1.5	10232	5.354	8142	y_{15}，y_{25}，y_{35}，y_{55}，y_{65}，y_{91}，$y_{104}=1$

　　由表4－4可知，在给定投标结果和属性打分结果的情况下，取 $\alpha=0.2$，选择供应商1的模式5，供应商2的模式4，供应商3的模式4，供应商4的模式5，供应商6的模式4，供应商10的模式4进行供货。此时，采购商总的采购成本最小、总的采购效用最大，同时所承担的产品总费用最小。

　　比较表4－4中不同行的数据可知，将多目标问题转化为单目标问题时，选择合适的权重因子是十分必要的。

4.3   考虑采购商损失规避行为的单产品多件物品胜者确定问题

传统的胜者确定问题大多假设决策者是完全理性的，即决策者既能准确获取用于决策胜标者的所有信息，也能依据这些信息选出最优胜标者。但是，由于互联网具有动态开放的特征，决策者所处环境的不确定性也越来越高。大量的实证研究表明，决策过程中决策者的实际行为与传统的经典胜者确定模型总有一定的偏差，即决策者并非完全理性而是有限理性的。人们已经逐渐认识到决策不仅是一种纯粹理性的逻辑推断过程，而且应该被视为掺杂着决策者文化情感和主观偏好等非理性成分在内的复杂的认知过程，是决策者发挥主观能动性的心理过程。所以，现实中很多胜者确定问题就难以用传统的经典拍卖理论与方法来处理，需要考虑决策者的心理行为。

本节假设采购商具有损失规避的心理行为，考虑采购批量、交货期、采购费用等多属性，基于前景理论构建了新的胜者确定模型。针对问题特征和模型结构，设计了加入最大最小信息素控制和动态参数调整的混合蚁群算法，用于求解新的胜者确定模型。最后，对于三个不同规模的实例，分析了采购方的预期费用和预期时间对胜标者选择的影响，并通过对比分析说明本节所建的模型可以更好地反映采购方的实际决策过程。

4.3.1   问题描述及模型

采购方对某一种产品进行大批量采购，任何一个供应商的供应能力都不能满足采购方的采购需求。因此，采购方需要通过电子逆向拍卖选择多个供应商同时为自己供货来满足自身的采购需求。一般该问题被定义为胜者确定问题。目前关于胜者确定问题的研究大多是建立在采购商完全理性假设的基础之上的，忽略了采购商在不确定环境中发挥主观能动性的心理过程。由于中断风险或运营风险的存在，采购费用和采购时间往往具有高度不确定的特征。此时，采购商对采购费用和采购时间会有一定的心理预期值，且对损失的敏感程度高于收益。为此，本节将重点研究考虑采购商心理行为的胜者确定问题。接下来将从模型假设、参数说明、模型构建等方面进行详细阐述。

1. 模型假设

基于密封竞标逆向拍卖的理论与方法，本节的假设如下：

（1）采购方是有限理性的，有自己的预期费用和预期时间；

（2）市场供大于求，采购方处于优势地位；

（3）供应商之间不存在衬托竞拍等共谋行为；

（4）获得竞标资格的供应商生产的产品差异很小，可视为同质产品；

（5）供应商只知道自己的生产成本，但不知道其他供应商的生产成本。

2. 模型中参数和变量的描述

本节使用的符号说明如下：

（1）决策变量。

x_i：为 0 – 1 决策变量，若选择供应商 i，那么 $x_i = 1$，否则 $x_i = 0$，$x = (x_1, x_2, \cdots, x_n)$；

y_i：整数决策变量，表示供应商 i 提供的产品数量，$y = (y_1, y_2, \cdots, y_n)$。

（2）参数。

i：供应商的索引号，$i \in I = (1, 2, \cdots, n)$；

c_i：第 i 个供应商的单位价格；

k：管理费用，包括产品检查费用和信息管理费用；

q：供应商拖期导致对采购方的惩罚费用（元/天）；

L：采购方采购产品的总数量；

Q_i：供应商 i 的最大供货量；

d_i：由供应商 i 的历史交货期确定的预估交货期；

p_i：采购商 i 的拖期概率，可依据历史交易记录获取；

P_1：被选中供应商的预估拖期概率的平均值；

C_m：采购方的预期费用；

T_m：采购方的预期时间。

$(x, y) = (x_1, x_2, \cdots, x_n, y_1, y_2, \cdots, y_n)$ 表示问题的解，即从 n 个供应商中选出多个胜标供应商，并确定每个供应商的供应数量。不考虑拖期惩罚时，采购费用 C_0 由商品购买成本和管理费用两部分组成。为简单起见，假设每个供应商的管理费用都相同。C_0 的表达式如式（4-21）所示：

$$C_0(x, y) = \sum_{i=1}^{n} c_i y_i + k \sum_{i=1}^{n} x_i \qquad (4-21)$$

依据每个供应商的拖期概率，可以算出所有被选择供应商的综合拖期概率，如式（4-22）所示：

$$P_1(x) = \frac{\sum_{i=1}^{n} p_i x_i}{\sum_{i=1}^{n} x_i} \qquad (4-22)$$

相应地，构建所有被选中供应商的拖期惩罚，详见式（4-23）所示：

$$S(x) = \sum_{i=1}^{n} q(d_i - T_m)^+ x_i \qquad (4-23)$$

3. 基于累积前景理论的数学模型

实际采购费用 $C_c(x, y)$ 存在两种情况：（1）不拖期情况，实际采购费用 $C_c(x, y) = C_0(x, y)$；（2）拖期情况，实际采购费用等于不拖期成本加上拖期惩罚。当实际采购费用 $C_c(x, y) \leqslant C_m$ 时，对采购方来说能够节约成本，即采购方可以获得收益 $C_m - C_c(x, y)$。当实际采购费用 $C_c(x, y) > C_m$ 时，对采购方来说成本超出了自己的预期值，即采购方损失 $C_c(x, y) - C_m$。因此价值函数定义为式（4-24）：

$$v(x) = \begin{cases} (x - x_0)^\alpha & C_c \leqslant C_m \\ -\lambda(x_0 - x)^\beta & C_c > C_m \end{cases} \qquad (4-24)$$

累积前景理论对于收益和损失时的概率权重函数如式（4-25）、式（4-26）所示：

$$w^+(p) = \frac{p^\gamma}{[p^\gamma + (1-p)^\gamma]^{\frac{1}{\gamma}}} \qquad (4-25)$$

$$w^-(p) = \frac{p^\delta}{[p^\delta + (1-p)^\delta]^{\frac{1}{\delta}}} \qquad (4-26)$$

因此，可以获得累积前景理论模型（CPM）如下：

$$\begin{aligned} \max V &= v(C_c(x, y)) \times w(P_1(x)) + v(C_c(x, y)) \times w(1 - P_1(x)) \\ &= v(C_0(x, y) + S(x)) \times w(P_1(x)) + v(C_0(x, y)) \times w(1 - P_1(x)) \end{aligned}$$

$$
= \begin{cases}
[C_m - C_0(x, y) - S(x)]^\alpha \times w^+(P_1(x)) + [C_m - C_0(x, y)]^\alpha \\
\quad \times w^+(1 - P_1(x)) \quad C_m \geqslant C_0 + S \\
-\lambda[C_0(x, y) + S(x) - C_m]^\beta \times w^-(P_1(x)) + [C_m - C_0(x, y)]^\alpha \\
\quad \times w^+(1 - P_1(x)) \quad C_0 \leqslant C_m < C_0 + S \\
-\lambda[C_0(x, y) + S(x) - C_m]^\beta \times w^-(P_1(x)) - \lambda[C_0(x, y) - C_m]^\beta \\
\quad \times w^-(1 - P_1(x)) \quad C_m < C_0
\end{cases}
$$

$$\tag{4-27}$$

s. t.

$$\sum_{i=1}^{n} y_i = L \tag{4-28}$$

$$y_i \leqslant x_i Q_i, \quad i = 1, \cdots, n \tag{4-29}$$

$$x_i \in \{0, 1\}, \quad i = 1, \cdots, n \tag{4-30}$$

$$y_i = 0, 1, \cdots, Q_i, \quad i = 1, \cdots, n \tag{4-31}$$

式（4-27）为目标函数，即最大化累积前景值。具体而言，基于累积前景理论的模型包括三种情况。情况1：无论是否拖期，实际采购费用都比期望费用低，采购方处于收益状态；情况2：拖期情况下，实际费用高于期望费用，但不拖期情况下，实际费用低于期望费用；情况3：无论是否拖期，实际采购费用都比期望费用高。

式（4-28）为采购需求约束，即所选中供应商的总供应量等于采购方的采购需求。式（4-29）为供应商的供应量约束，即每个供应商的供应量不能超过自身的供应能力。式（4-30）和式（4-31）分别是决策变量约束。

4. 基于前景理论和期望效用理论的数学模型

为了便于与累积前景理论模型进行对比，分别建立了基于前景理论和期望效用理论的模型。

（1）前景理论模型为：

$$
\begin{aligned}
\max V &= v[C_c(x, y)] \times P_1(x) + v[C_c(x, y)] \times [1 - P_1(x)] \\
&= v[C_0(x, y) + S(x)] \times P_1(x) + v[C_0(x, y)] \times [1 - P_1(x)]
\end{aligned}
$$

$$
=\begin{cases}
\left[C_m - C_0(x,\,y) - S(x)\right]^{\alpha} \times P_1(x) + \left[C_m - C_0(x,\,y)\right]^{\alpha} \\
\quad \times \left[1 - P_1(x)\right] \quad C_0 \leqslant C_m - S \\
-\lambda\left[C_0(x,\,y) + S(x) - C_m\right]^{\beta} \times P_1(x) + \left[C_m - C_0(x,\,y)\right]^{\alpha} \\
\quad \times \left[1 - P_1(x)\right] \quad C_m - S < C_0 \leqslant C_m \\
-\lambda\left[C_0(x,\,y) + S(x) - C_m\right]^{\beta} \times P_1(x) - \lambda\left[C_0(x,\,y) - C_m\right]^{\beta} \\
\quad \times \left[1 - P_1(x)\right] \quad C_0 > C_m
\end{cases}
\tag{4-32}
$$

$$
\text{s. t.}
$$

$$
式\ (4-8)\ 至式\ (4-11)
$$

式（4-32）为目标函数，即最大化前景值。

（2）基于期望效用理论的数学模型为：

$$
\max E\{U[C_c(x,\,y)]\} =
\begin{cases}
\left[C_m - C_0(x,\,y) - S(x)\right] \times P_1(x) + \left[C_m - C_0(x,\,y)\right] \\
\quad \times \left[1 - P_1(x)\right] \quad C_0 \leqslant C_m - S \\
-\left[C_0(x,\,y) + S(x) - C_m\right] \times P_1(x) + \left[C_m - C_0(x,\,y)\right] \\
\quad \times \left[1 - P_1(x)\right] \quad C_m - S < C_0 \leqslant C_m \\
-\left[C_0(x,\,y) + S(x) - C_m\right] \times P_1(x) - \left[C_0(x,\,y) - C_m\right] \\
\quad \times \left[1 - P_1(x)\right] \quad C_0 > C_m
\end{cases}
\tag{4-33}
$$

$$
\text{s. t.}
$$

$$
式\ (4-28)\ 至式\ (4-31)
$$

式（4-33）为目标函数，即最大化期望效用值。

由于上述模型是非线性混合整数规划模型，对于大规模的实际问题，无法用一般的优化软件直接求解。为此，本书设计了蚁群算法求解上述模型，算法描述如下。

4.3.2　混合蚁群算法

传统蚁群算法存在一些缺陷，主要是容易陷入局部最优解，且收敛速度慢。一方面，在蚁群算法尚未找到最优解时，当前最好解的信息素会随着迭代次数的增加不断增强，进而导致算法陷入停滞状态。另一方面，当蚁群算法以一定的概率找到最优解时，当前最优解的信息素强度可能会远低于历史最好解的信息素强度，进而导致多次迭代后算法陷入局部最优解。为此，本节设计了加入动态调整策略和最大最小信息素控制策略的混合蚁群算法。

1. 引入动态调整的选择策略

在动态调整的选择策略中，适当刺激蚂蚁去访问那些很少被访问的供应商，有利于进行全局搜索，进而弥补基本蚁群算法的不足。动态调整选择策略如下：

$$p_i^j = \frac{\tau_i^a \eta_i^b \chi_i}{\sum_{k \in allowed_i} \tau_i^a \eta_i^b \chi_i} \tag{4-34}$$

$$\chi_i = \frac{mk}{mk + g_i \eta_i / \max \eta} \tag{4-35}$$

式（4-35）中，除了参数 χ_i，其他的参数都和基本蚁群算法相同。其中，m 表示蚂蚁的个数，k 表示当前迭代次数，$\max \eta$ 为启发函数的最大值，g_i 为从第一代到当前代访问供应商 i 的蚂蚁总数，η_i 为信息启发因子，$\eta_i = \frac{1}{c_i'}$，c_i' 为供应商 i 的综合单价费用，如式（4-36）所示。

$$c_i' = c_i(1 - p_i) + \left[c_i + \frac{q_i(d_i - T_m)^+}{y_i} \right] p_i \tag{4-36}$$

2. 最大最小信息素

最大最小信息素是指将所有供应商的信息素都限制在一个范围内，即上界 τ_{max} 以及下界 τ_{min}。当更新后的信息素不在给定的范围内时，自动将信息素调整为上界 τ_{max} 或下界 τ_{min}。具体的更新规则式（4-37）所示。

$$\tau_i(n+1) = [\rho \tau_i(n) + \Delta \tau_i(n)]_{\tau_{min}}^{\tau_{max}} \tag{4-37}$$

式（4-37）中的 $[\varphi]_{\tau_{min}}^{\tau_{max}}$ 是一个运算符。具体定义如式（4-38）所示。

$$[\varphi]_{\tau_{min}}^{\tau_{max}} = \begin{cases} \tau_{max}, & \varphi > \tau_{max} \\ \tau_{min}, & \varphi < \tau_{min} \\ \varphi, & others \end{cases} \tag{4-38}$$

即将更新后的每个供应商的信息素与 τ_{min} 和 τ_{max} 进行比较，若 $\tau_i < \tau_{min}$，则令 $\tau_i = \tau_{min}$；若 $\tau_i > \tau_{max}$，则令 $\tau_i = \tau_{max}$。

因为加入了最大最小信息素控制，使所有供应商的信息素都被限定在一个上界 τ_{max} 和下界 τ_{min} 之间，减小了陷入局部最优的概率，增强了蚁群算法的寻优能力。通过这样的操作后，可以改善两种现象。（1）某些供应商因为被蚂蚁访问的次数少，信息素经过一定时间的挥发趋近于零，被选择的概率也趋近于零。但加入了 $\tau_{\min}$ 后，即使挥发的时间再长，供应商的信息素也不为零，而是 $\tau_{\min}$，供应商被选择的概率也相应地提高了。（2）某些供应商因为被蚂蚁选择的次数过多，造成信息素浓度过高，降低了其他供应商被选择的可能性，容易陷入局部最优解。但加入 $\tau_{\max}$ 后，即使供应商被选择的次数过多，其信息素因为 $\tau_{\max}$ 的限制也不至于过高，降低了算法陷入局部最优解的可能性。

3. 算法设计思想

本节采用混合蚁群算法对问题进行求解。蚂蚁在经过的供应商处留下信息素，并影响其他蚂蚁。显然，随着迭代次数的增加，不同供应商的信息素差异开始变大，进而使算法具有较好的探索性。同时，信息素随着时间的推移而逐渐挥发，会减少历史信息素对蚁群的影响。本质上，信息素记录当前解和历史解的状态，且蚂蚁能够获取并改写信息素。混合蚁群算法具体过程如下。

（1）禁忌表。一只蚂蚁在一次循环中不能多次选择同一个供应商，因此需要将被选择过的供应商编号放入禁忌表中。

（2）信息素更新。每一次迭代，当种群中所有蚂蚁都完成搜索后，再进行信息素更新，更新公式见式（4-37）。具体而言，用前一次蚂蚁的迭代结果影响和指导接下来的迭代，并引入最大最小信息素控制策略，进而增强全局搜索能力，避免算法过早陷入局部最优解。

（3）转移概率计算。蚂蚁转移过程中，通过随机选择策略选择下一个供应商。一只蚂蚁有多个供应商可供选择，除了已经在禁忌表中的供应商之外，其余的供应商都可以被选择。每个供应商可被选择的概率可由式（4-34）计算，并按顺序进行编号 p_1, p_2, $\cdots$, p_k, $\cdots$, p_n，得：

$$p_1 + p_2 + \cdots p_k \cdots + p_n = 1 \qquad (4-39)$$

然后，在（0，1）范围内取一个随机数 p。根据 p 的值和上述概率序列来决定选择的供应商。即如果 $0 \leqslant p < p_1$，则选择 p_1 对应的供应商，否则按式（4-40）确定供应商：

$$\sum_{i=2}^{k} p_{i-1} \leqslant p < \sum_{i=2}^{k} p_i \qquad (4-40)$$

即选择 p_k 对应的供应商。

（4）适值函数。适值函数可以设置为目标函数，即为式（4-27）。

（5）终止准则。当迭代次数达到规定的数值，则算法终止。

4. 算法步骤

采用混合蚁群算法对逆向拍卖胜者确定问题进行求解，具体过程如下：

步骤 1：初始化种群大小 NP、最大迭代次数 NG、当前迭代次数 k、初始信息素浓度 f（f 为常量）、当前正在进行搜索的蚂蚁数 $r = 1$。

步骤 2：令蚂蚁随机选择一个供应商。

步骤 3：蚂蚁按照动态选择策略进行移动，进而选择下一个供应商，并将被选中的供应商加入禁忌表中。

步骤 4：判断采购总量是否满足采购方的采购需求，若没达到预定的采购总量，转步骤 3；否则继续下一步。

步骤 5：清空当前蚂蚁禁忌表，记录并更新当前最好解。

步骤 6：当前蚂蚁完成搜索，下一只蚂蚁进行搜索，蚂蚁数加 1，$r = r + 1$。

步骤 7：判断完成搜索的蚂蚁总数是否为种群大小，若 $r = NP$，则继续；否则转步骤 2。

步骤 8：对每个供应商的信息素进行更新。

步骤 9：迭代次数增加 1，$k = k + 1$。

步骤 10：判断当前迭代次数是否与最大迭代次数相等，若 $k = NG$，则输出结果；否则跳转至步骤 2。

根据上述对混合蚁群算法步骤的具体描述，可得算法流程（如图 4-2 所示）。

4.3.3　数值分析

为了更好地说明问题，针对十个供应商、二十个供应商、三十个供应商的不同场景下的算例（详见附录 1 中的表 1、表 2 和表 3），采用本节所提的混合蚁群算法进行数值实验。通过对上述三种数学模型（期望效用模型、前景值模型、累计前景值模型）的求解结果进行对比分析，说明基于累积前景理论的模型的有效性和可用性。

1. 混合蚁群算法参数分析

与已有文献一致，本书选定参数 $\alpha = \beta = 0.88$，$\lambda = 2.25$ 进行数值实验。模型参数和算法参数都会影响最终的实验结果。为对算法进行评价，定义如下

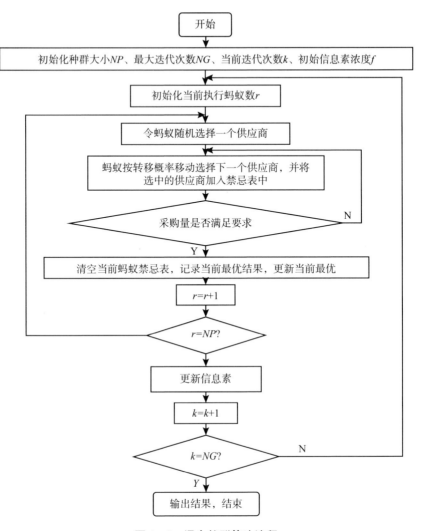

图 4 - 2　混合蚁群算法流程

的算法性能指标：最差解 WS，最好解 BS，均值 Mean，标准偏差 S，时间（秒）Time。为简单起见，每组实验进行 50 次测试，标准偏差的计算公式如下：

$$SD = \sqrt{\frac{\sum_{i=1}^{n} (S_i - \bar{S})^2}{n-1}}$$

该公式用于衡量算法的稳定性。

模型中累积前景理论的相关参数 $\alpha = \beta = 0.88$，$\lambda = 2.25$。接下来分别对算法参数进行调试，包括信息启发式因子 α、期望启发式因子 β、信息素残留因子 ρ、初始信息素 f、信息素总量 Q、最大信息素 $\tau_{\max}$、最小信息素 $\tau_{\min}$、种群大小 NP、迭代次数 NG。参数的初始值设置为：$NP = 10$，$NG = 200$，$a = 0.8$，$b = 0.5$，$\rho = 0.5$，$f = 2.5$，$Q = 15$，$\tau_{\min} = 0.5$，$\tau_{\max} = 3.2$。接下来将对混合蚁群算法参数进行调试，以得到不同规模实例的最优参数组合。

对于十个供应商的算例，给定供应商的预期费用为 $C_m = 44500$，预期时间为 $T_m = 10$，最佳参数组合如表 4 – 5 所示。

表 4 – 5　　　　　十个供应商问题蚁群算法的最优参数组合

NP	NG	a	b	ρ	f	Q	$\tau_{\min}$	$\tau_{\max}$	WS	BS	Mean	SD	Time
50	300	0.9	0.5	0.5	2.5	15	0.5	3.8	80.94	80.94	80.94	0	0.42

依据表 4 – 5，用混合蚁群算法求解十个供应商规模的胜者确定问题，获得最优方案为：$\{(1, 125), (2, 160), (3, 54), (7, 69), (10, 92)\}$，最优解为 80.94。此时，标准偏差为 0，即在 50 次的仿真实验里，每次的仿真结果都为最优解。

对于二十个供应商的算例，给定供应商的预期费用为 $C_m = 56700$，预期时间为 $T_m = 15$，最佳参数组合如表 4 – 6 所示。

表 4 – 6　　　　　二十个供应商问题的蚁群算法的最优参数组合

NP	NG	a	b	ρ	f	Q	$\tau_{\min}$	$\tau_{\max}$	WS	BS	Mean	SD	Time
70	1500	1.5	1.2	0.7	4.0	17	0.6	5	145.78	149.4	147.19	1.73	6.42

依据表 4 – 6，用混合蚁群算法求解二十个供应商规模的胜者确定问题，获得最优方案为：$\{(2, 120), (6, 59), (11, 64), (12, 135), (14, 94),$ $(20, 128)\}$，最好解为 145.78。此时，标准差为 1.73。

对于三十个供应商的算例，给定供应商的预期费用为 $C_m = 6000$，预期时间为 $T_m = 7$，则最佳参数组合如表 4 – 7 所示。

表 4 – 7　　　　　　　　三十个供应商问题的蚁群算法的最优参数组合

NP	NG	a	b	ρ	f	Q	τ_{min}	τ_{max}	WS	BS	Mean	SD	Time
80	1500	1.3	1.2	0.5	4.3	17	0.4	5	129.58	131.05	130.24	3.28	20.16

依据表 4 – 7，用混合蚁群算法求解三十个供应商规模的胜者确定问题，获得最优方案为：¦（11，140），（19，95），（20，86），（26，190），（30，139）¦，最好解为 129.58。此时，标准差为 3.28。

2. 不同算法间的对比与分析

令 NS 表示供应商数目，分别用枚举算法、基本蚁群算法和混合蚁群算法对三种不同规模的问题进行求解，对比结果如表 4 – 8 所示。

表 4 – 8　　　　　　　　　　不同算法对比分析

算法	NS	NP	NG	a	b	ρ	f	Q	τ_{min}	τ_{max}	WS	BS	Mean	SD	Time
枚举	10	—	—	—	—	—	—	—	—	—	80.94	80.94	80.94	0	7092.64
	20	—	—	—	—	—	—	—	—	—	—	—	—	—	—
	30	—	—	—	—	—	—	—	—	—	—	—	—	—	—
蚁群	10	70	1000	1.0	0.5	0.6	2.5	13	0.4	3.2	77.61	80.94	78.83	1.19	1.95
	20	85	1700	1.5	1.3	0.6	4.2	15	0.5	4.5	142.79	146.25	144.62	3.24	9.65
	30	95	2000	1.1	1.2	0.6	4.0	17	0.5	4.5	120.74	131.05	125.66	5.29	26.70
混合蚁群	10	50	300	0.9	0.5	0.5	2.5	15	0.5	3.8	80.94	80.94	80.94	0	0.42
	20	70	1500	1.5	1.2	0.7	4.0	17	0.6	5	145.78	149.40	147.19	1.73	6.42
	30	80	1500	1.3	1.2	0.5	4.3	17	0.4	5	129.58	131.05	130.24	3.28	20.16

由表 4 – 8 可知，枚举算法只适用于求解小规模问题，对于中、大规模问题可能无法在有效时间内给出满意解。混合蚁群算法在求解不同规模问题时效果均好于其他两种算法，且在求解过程中花费的时间也是最少的。由于混合蚁群算法中所需的种群大小 NP 和迭代次数 NG 比传统蚁群算法小，故而求解时间较短。将动态调整策略和最大最小信息素控制策略加入传统蚁群算法中，混合蚁群算法的求解效果较好。

3. 问题参数分析

本书主要分析的问题参数有两个，分别为客户的预期费用 C_m 和预期时间

T_m，接下来分别分析问题参数对最终采购方案的影响，先令三个不同规模实例的算法参数为最佳参数组合，然后再分别分析问题参数 T_m 和 C_m 对三个实例结果的影响。

（1）客户预期时间分析。

对于十个供应商的算例，令 $C_m = 44500$，当 T_m 取不同值时，最优采购方案和最优解如表 4-9 所示。

对于二十个供应商的算例，令 $C_m = 56700$，当 T_m 取不同值时，最优采购方案和最优解如表 4-10 所示。

对于三十个供应商的算例，令 $C_m = 6000$，当 T_m 取不同值时，最优采购方案和最优解如表 4-11 所示。

通过分析三种不同规模的算例结果（详见表 4-9 至表 4-11），可以得到如下结论：

第一，当 T_m 足够小时，目标函数为负值，表明最终采购方案无法满足采购商的预期。此时，不拖期成本 C_0 和拖期惩罚 S 同时影响最终的采购方案，且拖期惩罚 S 起主要作用。因此，供应商的拖期时间和拖期概率越小，被选中的概率越大。

第二，当 T_m 逐渐增加，目标函数值也随之增加。此时，不拖期成本 C_0 和拖期惩罚 S 共同影响最终采购方案。因此，采购商需要权衡不拖期成本 C_0 和拖期惩罚 S；不拖期成本和拖期惩罚越小，被选中的概率越大。

第三，当 T_m 足够大时，目标函数值受到的影响将变小。此时，不拖期成本 C_0 对最终采购方案起主要作用。因此，供应商的单价越低，被选中的概率越大。

（2）客户预期费用分析。

对于十个供应商的算例，令 $T_m = 10$，当 C_m 取不同值时，最优采购方案和最优解如表 4-12 所示。

对于二十个供应商的算例，令 $T_m = 15$，当 C_m 取不同值时，最优采购方案和最优解如表 4-13 所示。

对于三十个供应商的算例，令 $T_m = 7$，当 C_m 取不同值时，最优采购方案和最优解如表 4-14 所示。

通过分析三种不同规模的实验结果（详见表 4-12 至表 4-14），可以得到如下结论。

表4-9

十个供应商情境下客户预期时间 T_m 的影响

T_m	C_m	C_0	S	最优采购方案	BS	WS	Mean	SD	Time
6	44500	44553.00	3000	(1, 125), (2, 160), (3, 110), (5, 13), (10, 92)	-309.94	-309.94	-309.94	0	0.42
7	44500	44514.00	2500	(1, 125), (2, 160), (3, 110), (5, 13), (10, 92)	-259.06	-259.06	-259.06	0	0.42
8	44500	44514.00	1900	(1, 125), (2, 160), (3, 110), (9, 13), (10, 92)	-204.06	-204.06	-204.06	0	0.42
9	44500	44208.00	1600	(1, 125), (2, 160), (7, 69), (9, 55), (10, 91)	-69.81	-69.81	-69.81	0	0.42
10	44500	44282.50	1000	(1, 125), (2, 160), (7, 69), (9, 55), (10, 91)	80.94	80.94	80.94	0	0.42
11	44500	44208.00	600	(1, 125), (2, 160), (7, 69), (8, 55), (10, 91)	181.44	181.44	181.44	0	0.42
12	44500	44208.00	300	(1, 125), (2, 160), (7, 69), (8, 55), (10, 91)	256.81	256.81	256.81	0	0.42
13	44500	44208.00	100	(1, 125), (2, 160), (7, 69), (8, 55), (10, 91)	280.33	280.33	280.33	0	0.42
14	44500	44208.00	0	(1, 125), (2, 160), (7, 69), (8, 55), (10, 91)	291.5	291.5	291.5	0	0.42
15	44500	44208.00	0	(1, 125), (2, 160), (7, 69), (8, 55), (10, 91)	291.5	291.5	291.5	0	0.42

表 4 – 10　二十个供应商情境下客户预期时间 T_m 的影响

T_m	C_m	C_0	S	最优采购方案	BS	WS	Mean	SD	Time
10	56700	56748	4100	(2, 120), (12, 135), (14, 94), (15, 36), (16, 87), (20, 128)	-667.83	-670.62	-669.37	1.68	5.41
11	56700	56704	4000	(2, 120), (6, 136), (11.64), (12, 135), (14, 94), (16, 51)	-494.11	-498.18	-496.32	1.83	5.41
12	56700	56704	3300	(2, 120), (4, 51), (6, 136), (11, 64), (12, 135), (14, 94)	-460.89	-465.44	-463.77	2.33	5.42
13	56700	56483	1900	(2, 120), (6, 123), (12, 135), (14, 94), (20, 128)	-330.12	-333.18	-331.77	2.40	5.41
14	56700	56218	1900	(2, 120), (6, 136), (11, 64), (12, 58), (14, 94), (20, 128)	-100.35	-106.27	-103.64	2.00	5.41
15	56700	56218	1200	(2, 120), (6, 59), (11, 64), (12, 135), (14, 94), (20, 128)	149.40	145.87	147.05	1.99	5.52
16	56700	56218	800	(2, 120), (6, 59), (11, 64), (12, 135), (14, 94), (20, 128)	292.11	290.07	290.30	2.39	5.41
17	56700	56218	500	(2, 120), (6, 59), (11, 64), (12, 135), (14, 94), (20, 128)	399.15	394.36	396.59	1.77	5.41
18	56700	56218	200	(2, 120), (6, 59), (11, 64), (12, 135), (14, 94), (20, 128)	450.29	445.71	447.21	2.01	5.41
19	56700	56218	100	(2, 120), (6, 59), (11, 64), (12, 135), (14, 94), (20, 128)	466.14	462.34	464.03	1.57	5.44
20	56700	56218	0	(2, 120), (6, 59), (11, 64), (12, 135), (14, 94), (20, 128)	482.03	477.93	479.12	2.13	5.41

表 4 - 11　三十个供应商情境下客户预期时间 T_m 的影响

T_m	C_m	C_0	S	最优采购方案	BS	WS	Mean	SD	Time
3	6000	6001.5	1400	(4, 100), (11, 140), (20, 55), (26, 190), (30, 165)	-68.62	-72.66	-70.39	3.48	20.16
4	6000	5936	1100	(11, 140), (20, 86), (26, 190), (28, 69), (30, 165)	-47.77	-50.47	-48.47	3.46	20.16
5	6000	5844.5	850	(11, 140), (19, 95), (20, 60), (26, 190), (30, 165)	0.87	-5.11	-3.08	3.32	20.16
6	6000	5844.5	550	(11, 140), (19, 95), (20, 60), (26, 190), (30, 165)	61.62	58.74	59.15	3.25	20.19
7	6000	5836.7	250	(11, 140), (19, 95), (20, 86), (26, 190), (30, 139)	131.05	129.58	130.24	3.37	20.16
8	6000	5836.7	100	(11, 140), (19, 95), (20, 86), (26, 190), (30, 139)	154.30	152.45	153.71	3.17	20.16
9	6000	5834.5	50	(11, 140), (19, 95), (26, 190), (27, 95), (30, 139)	159.83	157.97	158.36	3.44	20.21
10	6000	5834.5	0	(11, 140), (19, 95), (26, 190), (27, 95), (30, 139)	166.01	164.22	165.11	3.14	20.16
11	6000	5834.5	0	(11, 140), (19, 95), (26, 190), (27, 95), (30, 139)	166.01	164.22	165.24	3.06	20.16
12	6000	5834.5	0	(11, 140), (19, 95), (26, 190), (27, 95), (30, 139)	166.01	164.22	165.39	3.3	20.16

表 4－12　十个供应商情景下客户预期费用 C_m 的影响

C_m	T_m	C_0	S	最优分配方案	BS	WS	Mean	SD	Time
44000	10	44208.5	1000	(1, 125), (2, 160), (7, 69), (9, 55), (10, 91)	-551.69	-551.69	-551.69	0	0.42
44100	10	44208.5	1000	(1, 125), (2, 160), (7, 69), (9, 55), (10, 91)	-359.65	-359.65	-359.65	0	0.42
44200	10	44208.5	1000	(1, 125), (2, 160), (7, 69), (9, 55), (10, 91)	-186.74	-186.74	-186.74	0	0.42
44300	10	44208.5	1000	(1, 125), (2, 160), (7, 69), (9, 55), (10, 91)	-129.61	-129.61	-129.61	0	0.42
44400	10	44208.5	1000	(1, 125), (2, 160), (7, 69), (9, 55), (10, 91)	-33.02	-33.02	-33.02	0	0.42
44500	10	44208.5	1000	(1, 125), (2, 160), (7, 69), (9, 55), (10, 91)	80.95	80.95	80.95	0	0.42
44600	10	44208.5	1000	(1, 125), (2, 160), (7, 69), (9, 55), (10, 91)	194.90	194.90	194.90	0	0.42
44700	10	44208.5	1000	(1, 125), (2, 160), (7, 69), (9, 55), (10, 91)	308.86	308.86	308.86	0	0.42
44800	10	44208.5	1000	(1, 125), (2, 160), (7, 69), (9, 55), (10, 91)	422.81	422.81	422.81	0	0.42
44900	10	44208.5	600	(1, 125), (2, 160), (7, 69), (9, 55), (10, 91)	536.77	536.77	536.77	0	0.42

表4－13　二十个供应商情景下客户预期费用 C_m 的影响

C_m	T_m	C_0	S	最优分配方案	BS	WS	Mean	SD	Time
56200	15	56218	1200	(2, 120), (6, 59), (11, 64), (12, 135), (14, 94), (20, 128)	-417.22	-423.22	-420.22	2.16	6.42
56300	15	56336	1000	(2, 120), (11, 64), (12, 135), (14, 94), (16, 59), (20, 128)	-291.52	-297.52	-294.52	1.97	6.42
56400	15	56400	1100	(2, 120), (11, 64), (12, 135), (14, 94), (16, 59), (20, 128)	-162.25	-168.25	-165.25	2.64	6.42
56500	15	56336	1000	(2, 120), (11, 64), (12, 135), (14, 94), (16, 59), (20, 128)	-106.91	-110.81	-108.26	2.13	6.45
56600	15	56218	1200	(2, 120), (6, 59), (11, 64), (12, 135), (14, 94), (20, 128)	29.57	26.57	27.94	2.15	6.42
56700	15	56218	1200	(2, 120), (6, 59), (11, 64), (12, 135), (14, 94), (20, 128)	149.40	145.78	147.19	1.73	6.42
56800	15	56218	1200	(2, 120), (6, 59), (11, 64), (12, 135), (14, 94), (20, 128)	269.22	265.10	267.45	2.42	6.43
56900	15	56218	1200	(2, 120), (6, 59), (11, 64), (12, 135), (14, 94), (20, 128)	389.04	385.07	387.06	1.51	6.42
57000	15	56218	1200	(2, 120), (6, 59), (11, 64), (12, 135), (14, 94), (20, 128)	508.86	503.56	505.46	1.56	6.42

表 4－14　三十个供应商情景下客户预期费用 C_m 的影响

C_m	T_m	C_0	S	最优分配方案	BS	WS	Mean	SD	Time
5600	7	6001.5	1400	(4, 100), (11, 140), (20, 55), (26, 190), (26, 165)	-533.59	-536.27	-535.68	3.25	20.16
5700	7	5936	1100	(11, 140), (20, 86), (26, 190), (28, 69), (30, 165)	-314.70	-310.28	-312.51	3.54	20.16
5800	7	5844.5	850	(11, 140), (19, 95), (20, 60), (26, 190), (30, 165)	-116.54	-112.33	-113.64	3.19	20.16
5900	7	5844.5	550	(11, 140), (19, 95), (20, 60), (26, 190), (30, 165)	-6.24	-8.81	-7.97	3.07	20.15
6000	7	5836.7	250	(11, 140), (19, 95), (20, 86), (26, 190), (30, 139)	131.05	129.58	130.24	3.26	20.16
6100	7	5836.7	100	(11, 140), (19, 95), (20, 86), (26, 190), (30, 139)	240.80	240.80	240.8	0	20.16
6200	7	5834.5	50	(11, 140), (19, 95), (26, 190), (27, 95), (30, 139)	340.80	340.80	340.8	0	20.16
6300	7	5834.5	0	(11, 140), (19, 95), (26, 190), (27, 95), (30, 139)	440.80	440.80	440.8	0	20.19
6400	7	5834.5	0	(11, 140), (19, 95), (26, 190), (27, 95), (30, 139)	540.80	540.80	540.8	0	20.16
6500	7	5834.5	0	(11, 140), (19, 95), (26, 190), (27, 95), (30, 139)	640.80	640	640.8	0	20.16

第一，当 C_m 取值较小时，此时目标函数值为负，表明给出的采购方案无法满足采购商的预期。此时，不拖期成本 C_0 和拖期惩罚 S 同时影响最终的采购方案，且不拖期成本 C_0 起主要作用。因此，供应商的不拖期成本 C_0 越小，被选中的概率越大。

第二，当 C_m 逐渐增加，目标函数的值也会逐渐增加，此时，不拖期成本 C_0 和拖期惩罚 S 共同影响最终采购方案。因此，采购商需要权衡不拖期成本 C_0 和拖期惩罚 S；不拖期成本和拖期惩罚越小，被选中的概率越大。

第三，当 C_m 足够大时，累积前景值一直在变大，但对采购方案没有显著影响。

4. 不同模型对比分析

本节将对基于累积前景理论、前景理论和基于期望效用理论的模型进行分析，并用混合蚁群算法分别对三种不同规模的算例进行求解，结果如表 4 – 15 所示。

表 4 – 15　　　　　　　　　　不同模型对比分析

模型	NS	最优采购方案	BS	WS	Mean	SD	Time
期望效用理论	10	(1, 125), (2, 160), (7, 69), (9, 55), (10, 91)	179.83	179.83	179.83	0	0.42
	20	(2, 120), (4, 51), (6, 136), (11, 64), (12, 135), (14, 94)	291.71	286.37	288.41	2.14	6.42
	30	(11, 140), (19, 95), (20, 86), (26, 190), (30, 139)	170.80	162.58	168.44	3.59	20.16
前景理论	10	(1, 125), (2, 160), (3, 110), (5, 13), (10, 92)	50.07	50.07	50.07	0	0.42
	20	(2, 120), (4, 51), (6, 136), (11, 64), (12, 135), (14, 94)	76.88	72.37	74.67	1.89	6.41
	30	(2, 120), (6, 59), (11, 64), (12, 135), (14, 94), (20, 128)	149.40	145.78	147.19	1.73	6.42
累积前景理论	10	(1, 125), (2, 160), (7, 69), (9, 55), (10, 91)	80.94	80.94	80.94	0	0.42
	20	(11, 140), (19, 95), (20, 60), (26, 190), (30, 165)	70.35	65.49	67.23	3.46	20.17
	30	(11, 140), (19, 95), (20, 86), (26, 190), (30, 139)	131.05	129.58	130.24	3.29	20.16

分析表 4 – 15 可知，对于三种不同规模的问题，三种模型所求得的最优采购方案和最优解是不同的。为进一步分析不同的模型，当采购方预期费用 C_m 变动时，采用混合蚁群算法对三种不同规模算例进行求解，所获得的最好解的结果如图 4 – 3 所示。

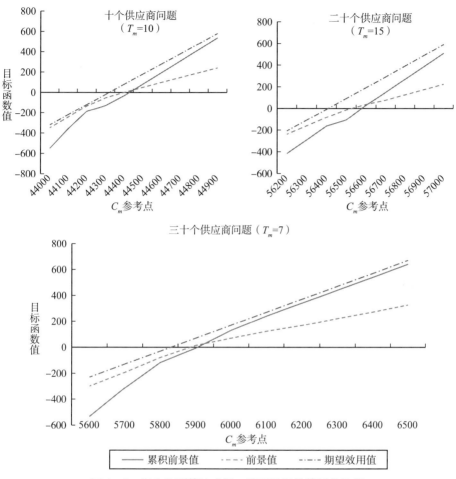

图 4 - 3　混合蚁群算法求解三种不同规模算例的结果

由图 4 - 3 可以获得两点结论。

（1）累积前景值和前景值都明显小于期望效用值，表明损失规避的决策者对于潜在风险的主观认知偏于保守。

（2）当目标函数值为正时，即决策者面对收益，累积前景值小于前景值，表明基于累积前景理论的模型中决策者的风险规避度相对增加。当目标函数值为负时，即决策者面对损失，累积前景值大于前景值，表明基于累积前景理论的模型中决策者的风险寻求度相对增加。

由此可知，累积前景理论模型能够更准确地刻画不确定环境下决策者的风险态度。

4.4　考虑竞标者类型的单产品多件物品胜者确定问题

由于互联网动态开放的特征，分销商和生产商都可以通过网络参与大型企业的电子逆向拍卖，为企业提供产品或服务。本节考虑三种不同的场景：竞标者为纯分销商、纯生产商以及混合型供应商（即分销商＋生产商），建立考虑竞标者类型的胜者确定模型，并设计了相应的启发式算法，帮助采购商确定胜标者。

4.4.1　问题描述及模型

在电子逆向拍卖中，采购方要采购 M 个产品，有 N 个供应商参与竞标。不失一般性，假设任何一个供应商都有供应上限，且都无法满足采购需求。供应商的成本随着供应量的变化而改变。采购方与胜标者进行交易时，都会产生一个交易成本。采购方需要解决的问题是如何选择胜标者并优化分配量，进而使总的采购成本达到最低，即胜者确定问题。

1. 供应商的成本结构类型

由于参与电子逆向拍卖的竞标者的类型多种多样，针对本节的研究问题，将竞标者分为分销商和生产商。分销商是指那些专门从事将商品从生产者转移到消费者的活动的机构和人员。生产商是指那些利用各种原材料进行自主生产的企业。分销商的单位成本随着订货批量的上升而降低，而生产商的成本随着供应量的增加先减少后增加。为此，本节主要考虑三种场景：（1）纯分销商：所有竞标者都是分销商；（2）纯生产商：所有竞标者都是生产商；（3）混合型供应商：竞标者可以是分销商，也可以是生产商。

2. 符号定义

x_i：二进制决策变量，如果供应商 i 被选择，那么 $x_i = 1$，否则 $x_i = 0$；

q_i：整数决策变量，表示采购方从第 i 个供应商那购买的产品数量；

k_i：当采购方与供应商 i 发生交易时，所产生的交易成本；

$C_i(q_i)$：供应商 i 的成本矩阵，即当采购方从第 i 个供应商处采购 q_i 个产品时，单个产品的购买价格；

$Q_i^{\max}$：第 i 个供应商能够提供的最大供应量；

β：供应商最低盈利百分比。

3. 采购方选择模型

考虑到每个获得分配量的供应商最终必须是盈利的，不失一般性，当某个供应商被选择后，他将获得高出成本价格 β 倍的盈利值。具体采购方选择模型如下：

$$\min \sum_{i=1}^{n} \left[(1 + \beta) C_i(q_i) q_i + x_i k_i \right] \tag{4-41}$$

$$\text{s. t.}$$

$$\sum_{i=1}^{n} q_i = M \tag{4-42}$$

$$q_i \leq x_i Q_i^{\max}, \quad i = 1, 2, \cdots, n \tag{4-43}$$

$$x_i \in \{0, 1\} \tag{4-44}$$

$$q_i \text{ 为整数} \tag{4-45}$$

式（4-41）是最小化总的采购成本，包括产品的购买成本和交易成本。式（4-42）是需求约束，即竞标者的供应量等于预订的采购量。式（4-43）是供应商的能力限制，即最大供应量不超过供应能力。式（4-44）、式（4-45）是决策变量的类型。

这是一个单目标的线性规划问题，但由于决策变量都为整数变量，故无法用普通的单纯形法进行求解。当供应商的人数 n 足够大的时候，会产生组合爆炸的问题，因此本节考虑设计启发式算法求解该整数规划模型。

4.4.2　启发式算法设计

给定单位价格矩阵 $(\overline{P})$，表示所有供应商对应其获得量的等价单位产品价格矩阵，计算公式为 $\overline{p}_i(q_i) = (1 + \beta) C_i(q_i) + k_i / q_i$。$\overline{P}$ 的每一行代表某一供应商在获得量从 1 变到 $Q_i^{\max}$ 时的单位产品价格；每一列代表所有供应商在获得相同量 q 时各自的单位产品价格。将供应商的成本结构矩阵转化为相应量的平均单位价格矩阵，然后按照"最低平均单位价格优先"的规则进行分配，可设计如下的启发式方法：

步骤 1：读取供应商的成本结构矩阵 $C_i(q_i)$；

步骤 2：对于每个供应商，当供应量从 1 变化到 $Q_i^{\max}$ 时，计算该供应商在不同量下的单位价格矩阵，形成一个新矩阵 $\overline{P}$；

步骤3：对单位价格矩阵 $\overline{P}$ 按行、按列进行搜索，找出最低值对应的供应商和供应量，即为分配给该商家的分配量，并记录下来，同时将 $\overline{P}$ 矩阵中的该行置为无穷大；

步骤4：计算当前分配量的加和 S_t，若 $S_t < M$，则跳转到步骤3；若 $S_t > M$，则跳转到步骤5。若 $S_t = M$，则终止；

步骤5：计算 $M - S_{t-1}$ 的值，从 P 矩阵第 $M - S_{t-1}$ 行找出最小值，这个最小值对应的供应商为胜标者，分配量为 $M - S_{t-1}$，终止。

该启发式算法的程序流程如图4－4所示。通过上述启发式算法，能够找到考虑竞标者类型的胜者确定问题的一个满意解，即为采购商提供一个较为合理的供应商选择与分配方案。

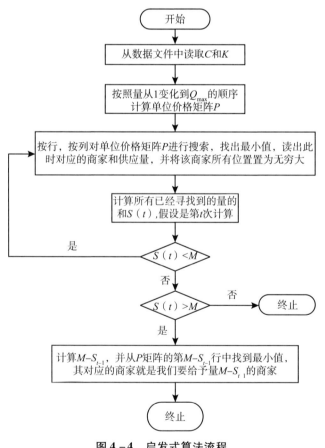

图4－4　启发式算法流程

4.4.3　数值分析

考虑三种不同的场景，即 10 个分销商、50 个生产商和 60 个混合型供应商（10 个分销商 + 50 个生产商），算例的初始数据见附录 2 中的表 4 和表 5。下面，对这三种场景分别进行数值试验。

1. 纯分销商数值算例

假设拍卖方的总采购量为 $M = 2000$，有 $N = 10$ 个分销商来参与竞标，且任何一个商家都无法满足总量的要求。给定每个商家的最低盈利倍数 $\beta = 0.2$，那么采购方应该如何选择供应商，才能使总的采购成本最低？采用本节所提的启发式算法，可以获得胜者确定问题的最终结果，如表 4 – 16 所示。

表 4 – 16　　　　　　　　　　纯分销商参与竞标的结果

10 家分销商	计算结果		
总交易金额	17892		
最终合作商家	1	3	4
相应的每家交易量	800	500	700
选择胜标者的次序	4	1	3
边界交易商	3		
边界交易量	700		

由表 4 – 16 可知，获得分配量竞标者价格和交易成本都较低。最优交易金额为 17892，胜标者为分销商 1、分销商 3、分销商 4，交易量分别为 800、500、700。三个胜标者的交易顺序依次为分销商 4、分销商 1、分销商 3。边界量为 700，边界交易商是分销商 3，此时平均价格最低，但超过拍卖方的需求 500。故需要从供应量为 500 的商家里边找出平均价格最低的竞标者，仍然是分销商 3。

2. 纯生产商数值算例

对于纯生产商的场景，给定 $M = 2000$，$N = 50$，$\beta = 0.2$，则胜者确定问题的最终结果如表 4 – 17 所示。

表 4 – 17   纯生产商参与竞标的结果

50 家生产商	集中式计算					
总交易金额	16020					
最终合作商家	2	12	22	24	32	39
相应的每家交易量	400	400	200	400	300	300
选择胜标者的次序	12	32	39	24	2	22
边界交易商	22					
边界交易量	400					

由表 4 – 17 可知，最优交易金额为 16020，胜标者为第 2 家、第 12 家、第 22 家、第 24 家、第 32 家、第 39 家生产商，交易量分别为 400、400、200、400、300、300。六个胜标者的交易顺序依次为生产商 12、生产商 32、生产商 39、生产商 24、生产商 2、生产商 22。边界量是 400，边界交易商是生产商 22，此时平均价格最低，但供应量超过了拍卖方的需求 300。因此，需要从供应量为 300 的商家中找出平均价格最低的竞标者，仍是生产商 22。

对比纯分销商和纯生产商的结果可知，若胜标者为分销商，则采购最大供应量为拍卖方的最好选择；若胜标者为生产商，则采购最大正常生产量为拍卖方的最好选择。此时，采购方的总成本最小。

3. 混合供应商的数值算例

假设 10 家分销商是从 50 家生产商那里进行进货的，且分销商的成本高于生产商。对于混合供应商的场景，给定 $M = 2000$，$N = 60$，$\beta = 0.2$，胜者确定问题的最终结果如表 4 – 18 所示。

表 4 – 18   混合供应商参与竞标的结果

60 家混合供应商	集中式计算					
总交易金额	16020					
最终合作商家	2	12	22	24	32	39
相应的每家交易量	400	400	200	400	300	300
选择胜标者的次序	12	32	39	24	2	22
边界交易商	22					
边界交易量	400					

分析表 4 – 18 可知,场景 3 的结果与场景 2 一样,这里将不再赘述。显然,由于分销商是从生产商那里进货的,没有竞争优势。胜标者为纯生产商时,采购方的总成本最小。

4.5　考虑数量折扣和交货期折扣的单产品多件物品胜者确定问题

随着互联网普及率的扩大和电子商务的发展,电子逆向拍卖的研究受到国内外众多专家和学者的广泛关注。由于商品和服务的多样性以及市场的多元化,以价格为唯一属性的采购方式不能满足采购方的需求。采购方除了需要考虑价格属性,还需考虑其他非价格属性,如交货期、质量、信誉度、服务等。在电子逆向拍卖中,采购方首先将采购需求以询价(Request for Quotation,RFQ)的形式发送给供应商。供应商收到 RFQ 后,根据自身的成本结构进行报价。最后,采购商根据供应商的报价,确定最优的分配量。本节重点考虑供应商的报价结构具有数量折扣和交货期折扣的特点,即采购批量越大,报价越低;交货期越长,报价越低。由于供应商的报价结构是公共知识(Common Knowledge),采购商的决策问题就是选择最优的合作伙伴并确定最优的分配量,称为考虑折扣因素的胜者确定问题。本节针对带有数量和交货期折扣的两属性胜者确定问题,建立了相应的决策模型,并提出了求解该模型的枚举算法。

4.5.1　问题描述及模型

一个采购方欲通过电子逆向拍卖购买大量的同一类商品 Q 个,该商品由 N 家供应商来参与竞标。任何一家供应商 i 都不能单独满足采购方的需求,即每家供应商都有一个最大供应量的限制 $Q_i^{\max}$。当与某一家供应商发生交易时,采购方都会支付给对方一个交易成本 T_i。

对于采购方而言,采购成本越小越好,供应商提供商品的交货期越小越好。但在现实中,很多商品的成本和交货期通常是负相关的。如果采购方想以最为便宜的价格购买该商品,那么就不得不对期望的交货期做出让步;假若采购方想尽可能早地拿到货物，就不得不支付超出预算的费用。由此可知，采购方想要达到的目标就是通过权衡价格和交货期两个属性，提高采购效率。

对于供应商而言，其成本结构具有如下两个特征：（1）同一供应商、同一交货期下，随着订货批量的增加，该商品的单位成本随之降低；（2）同一供应商、同一订货量下，随着交货时间的延长，该商品的单位成本也随之降低。

在现实中，为保证盈利，供应商都有一个最低报价。根据上述的成本结构，最低报价也具有同样的特征。为简单起见，本节假设每家供应商根据采购方的要求，并结合自身的生产和供销等各方面的情况，将最低报价信息真实地透露给采购方。因此，本节考虑的问题就是电子逆向拍卖中带有数量折扣与交货期折扣的胜者确定问题。

在供应商最低报价信息已知的情况下，采购方如何权衡价格和交货期两个属性，进而确定胜标者是采购商的关键问题之一。采购商既期望采购的成本越小越好，又期望供应商提供商品的交货期越小越好。不失一般性，采购方会有一个期望的采购成本和一个期望的交货时间。为此，采购方的目标可以转化为：（1）实际所花费的总成本超出预算越小越好；（2）实际选择的每家供应商的交货期超出期望的交货时间越小越好。

1. 符号定义

x_i：二进制决策变量，表示如果供应商 i 被选中，那么 $x_i = 1$；否则，$x_i = 0$；

q_i：整数决策变量，采购方分配给供应商 i 的数量；

d_i：决策变量，决策供应商 i 的交货期；

D_i：供应商 i 的交货期值域，即满足 $d_i \in D_i$；

c_0：采购方在采购前期望的总成本目标值；

c_0^+：实际采购总成本与目标总成本的正偏差量；

d_0：采购方在采购前期望的交货时间；

d_{0i}^+：与产生交易的供应商 i 的实际交货期与目标交货期的正偏差量；

$P_i(q_i, d_i)$：供应商 i 在供应量 q_i 和交货期 d_i 时，每个商品的最低报价；

T_i：供应商 i 的交易费用；

Q：采购方的总采购量；

$Q_i^{\max}$：供应商 i 能够提供该商品的最大供应量；

w_c：成本偏差率的权重系数；

w_d：交货期平均偏差率的权重系数。

2. 建立数学模型

在建模之前，需要确定采购方的期望总成本 c_0 和期望交货时间 d_0。采购方的目标就是希望这两个属性超出预期越小越好。为了统一量纲，对这两个属性求偏差之后再分别除以对应的期望值。基于问题描述，可构建如下的带有数量折扣和交货期折扣的胜者确定模型。

$$\min \ w_c \frac{c_0^+}{c_0} + w_d \frac{\sum\limits_{i=1}^{n} \frac{d_{0i}^+}{d_0}}{\sum\limits_{i=1}^{n} x_i^t} \qquad (4-46)$$

s. t.

$$\sum_{i=1}^{N} q_i = Q \qquad (4-47)$$

$$q_i \leqslant x_i Q_i^{\max}, \quad \forall i \qquad (4-48)$$

$$x_i \leqslant q_i, \quad \forall i \qquad (4-49)$$

$$\sum_{i=1}^{N} \left[q_i P_i(q_i, d_i) + x_i T_i \right] - c_0^+ \leqslant c_0 \qquad (4-50)$$

$$x_i d_i - d_{0i}^+ \leqslant d_0, \quad \forall i \qquad (4-51)$$

$$x_i \in \{0, 1\}, \quad \forall i \qquad (4-52)$$

$$d_i \in D_i, \quad \forall i \qquad (4-53)$$

$$q_i, \ d_{0i}^+ \geqslant 0 \ 且为整数, \quad \forall i \qquad (4-54)$$

$$c_0^+ \geqslant 0 \qquad (4-55)$$

式（4-46）表示目标函数，即求一个使总偏差率最小的分配方案，使得从被选供应商那里花费的总成本偏差率和交货期平均偏差率的加权和最小。式（4-47）表示采购总量的约束，确保采购总量等于采购方的总需求。式（4-48）是供应商的能力约束，即对每家供应商分配的采购量不能超过其最大供应量。式（4-49）表示如果没有分配给供应商 i 采购量，则不选择该供应商；如果选择了供应商 i，那么该供应商就必须获得采购量。式（4-50）表示实际的采购成本与采购方的期望成本的偏差。式（4-51）是被选中供应商的实际交货期与采购方的期望交货期的偏差。式（4－52）是 0、1 决策变量，表示是否选择供应商，如果供应商 i 被选中，那么 $x_i = 1$；否则，$x_i = 0$。式（4－53）表示交货期的决策变量，在决策供应商 i 的交货期时必须满足他的交货期值域。式（4－54）是整数决策变量，表示分配给供应商 i 的采购量和供应商 i 的交货期正偏差量为整数。式（4－55）表示采购总成本的正偏差是大于等于零的变量。

4.5.2　枚举算法的设计

枚举算法亦称为穷举法。该方法是将满足约束的所有解都列举出来，然后求出每组解对应的目标值，进而找出最优的一组解。对于本节的问题，就是要枚举出所有满足式（4－47）至式（4－49）的分配数量的可能。在每组分配数量下枚举出所选供应商的所有 $x_i d_i \geq d_0$ 交货期的可能。最后代入目标函数就可找出问题的一个最优解。在供应商成本信息完全透明给采购方的情况下，根据采购方同时考虑成本和交货期两属性的逆向拍卖问题的特点，所设计的枚举算法具体步骤如下：

步骤 1：产生一组满足采购方的总采购量、且不超过所选供应商的最大供应量的分配数量；

步骤 2：对分配到采购量的供应商，只需在 $x_i d_i \geq d_0$ 里选择一组交货期；

步骤 3：计算出此时目标函数的最小目标值；

步骤 4：对比目标值，保存当前最优解；

步骤 5：判断是否枚举完所有交货期选择情况。若枚举完，则继续下一步，执行步骤 6；若未枚举完，则跳转到步骤 2；

步骤 6：判断是否枚举完所有分配采购数量情况。若枚举完，则输出最优结果，算法计算结束；否则，跳转到步骤 1。

根据研究问题的特征，本节所设计的枚举算法的流程如图 4－5 所示。

4.5.3　数值分析

本节通过对该问题设计的枚举法进行数值实验，求得的结果即为最优分配结果。同时，该结果也可以作为评估供应商最低报价信息未知情况下的最优分

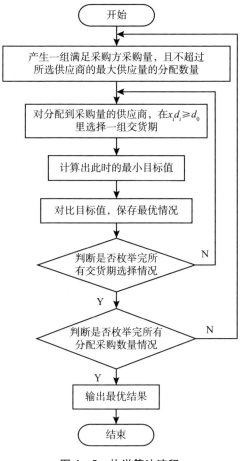

图 4 – 5　枚举算法流程

配方案的评价标准。

1. 算例描述

假设采购方的需求总量 $Q = 1500$，采购预算为 $c_0 = 7500$ 元，期望交货时间为 $d_0 = 2$ 天。采购费用和交货期的权重系数分别设置为 $w_c = 0.7$ 和 $w_d = 0.3$。参与竞标的供应商人数为 $N = 10$，每家供应商都把最低的报价信息透明的报给采购方。这里假设最低报价遵循供应商的成本结构，所以最低报价同样具有两个特征：带有一定的数量折扣和交货期折扣。

供应商的最低报价是随机产生的，具体方法如下。

（1）每家供应商的最低报价信息为一个二维矩阵，每一行代表随批量增加的商品单价，每一列代表同一批量下随交货期变大的商品单价，单位批量为 100。

（2）首先对第一行赋值，根据最低报价的两个特征可以看出，最大单价处在最小批量的最小交货期。首先设置一个最大单价 p_{max}，再设置一个同一交货期下的最大数量折扣 dis_q，那么在 $[p_{max}, dis_q \times p_{max}]$ 之间生成（最大供应批量 -1）个随机数，并从第一排第二个数起由大到小排列。

（3）然后对第一列赋值，此时设置一个最大交货期折扣 dis_d 和一个最大交货期 d_{max}。为了使数据更符合实际，第一列的第二个数由 p_{max} 乘以 $1 \sim \sqrt[(d_{max}-1)]{dis_d}$ 之间的一个随机数，第三个数由 p_{max} 乘以 $\sqrt[(d_{max}-1)]{dis_d} \sim \sqrt[(d_{max}-2)]{dis_d}$ 之间的一个随机数，……，第一列的最后一个数由 p_{max} 乘以 $\sqrt{dis_d} \sim dis_d$ 之间的一个随机数。

（4）此后对每一行进行赋值，每一行的第一个数都是最大单价，在最大单价与最大单价乘以 dis_q 之间生成（最大供应批量 -1）个随机数，并从大到小排列。根据最低报价的两个特征，确保待赋值的数不大于同一列的上面的数，否则重新在同一列的上面的数与最大单价乘以 dis_q 之间随机生成剩下的几个数，直到每一行赋完值为止。

（5）10 个供应商的最低报价相关数据设置如表 4-19 所示。

表 4-19　　　　　　　　　　随机产生报价的参数设置

供应商	p_{max}	dis_q	dis_d	Q_i^{max}	d_{max}
供应商 1	12	0.8	0.5	600	5
供应商 2	13	0.85	0.45	600	5
供应商 3	14	0.8	0.45	600	4
供应商 4	13	0.8	0.5	500	5
供应商 5	14	0.85	0.45	500	5
供应商 6	15	0.8	0.45	500	4
供应商 7	13	0.85	0.5	400	5
供应商 8	14	0.8	0.45	400	4
供应商 9	14	0.85	0.5	300	5
供应商 10	15	0.8	0.45	300	4

根据表 4 – 19 中的信息随机生成 50 组 10 个供应商的最低报价信息（种子时间为：136202488）。

（6）交易费用一般按最大交易额的 5% ~ 10% 进行设计，这里对 50 组算例统一设计一组交易费用，即为表 4 – 20 中 10 个供应商的交易费用。

从 50 组算例中，随机选取了一组供应商的最低报价信息。这里选取了第 13 个算例，具体信息如表 4 – 20 所示。

表 4 – 20　　　　　　　供应商的最低报价信息

供应商	交货期	(0 ~ 100]	(100 ~ 200]	(200 ~ 300]	(300 ~ 400]	(400 ~ 500]	(500 ~ 600]	交易费用	最大供应量
供应商 1	1	12	11.83	11.45	11.31	10.61	9.93	500	600
	2	11.94	11.58	11.01	9.71	9.68	9.56		
	3	9.69	8.92	8.87	8.61	7.94	7.83		
	4	9.06	8.78	7.88	7.55	7.5	7.43		
	5	6.02	5.97	5.85	5.11	4.99	4.9		
供应商 2	1	13	12.67	12.54	12.3	11.94	11.67	450	600
	2	10.7	10.67	10.16	9.78	9.35	9.27		
	3	10.49	10.26	9.96	9.71	9.34	9.23		
	4	9.35	8.74	8.73	8.59	8.46	8.29		
	5	6.24	6.23	6.13	5.98	5.94	5.39		
供应商 3	1	14	13.82	13.53	12.75	11.47	11.33	480	600
	2	10.76	10.68	9.98	9.92	9.06	8.97		
	3	10.27	10.18	8.34	8.29	8.26	8.26		
	4	7.88	7.5	7.28	6.81	6.32	6.32		
供应商 4	1	13	12.97	12.81	12.18	11.89	—	420	500
	2	11.75	11.2	10.81	10.45	9.86	—		
	3	10.37	9.82	8.92	8.89	8.62	—		
	4	10.01	9.65	8.86	8.73	8.47	—		
	5	8.68	8.54	8.41	8.26	7.32	—		

续表

供应商	交货期	(0~100]	(100~200]	(200~300]	(300~400]	(400~500]	(500~600]	交易费用	最大供应量
供应商5	1	14	13.51	12.97	12.53	12.27	—	390	500
	2	13.73	13.47	12.2	12.18	12.09	—		
	3	10.9	10.55	9.7	9.5	9.3	—		
	4	9.86	9.77	8.63	8.53	8.42	—		
	5	7.24	7.02	6.81	6.76	6.62	—		
供应商6	1	15	14.81	14.38	13.31	12.88	—	400	500
	2	11.57	11.22	10.56	10.1	9.71	—		
	3	10.67	10.04	9.52	8.8	8.55	—		
	4	7.07	6.76	6.62	6.14	5.69	—		
供应商7	1	13	12.74	12.41	11.74	—	—	290	400
	2	12.96	11.57	11.12	11.08	—	—		
	3	10.68	10.36	9.63	9.11	—	—		
	4	9.99	9.57	8.97	8.95	—	—		
	5	8.92	8.88	8.43	8.26	—	—		
供应商8	1	14	13.69	12.94	12.88	—	—	320	400
	2	12.85	11.99	11.37	10.59	—	—		
	3	10.08	9.97	9.65	9.22	—	—		
	4	7.77	6.98	6.98	6.27	—	—		
供应商9	1	14	13.6	12.35	—	—	—	180	300
	2	12.78	11.21	10.95	—	—	—		
	3	11.45	10.17	10.03	—	—	—		
	4	10.09	9.35	8.97	—	—	—		
	5	7.27	7.03	6.77	—	—	—		
供应商10	1	15	13.12	12.46	—	—	—	210	300
	2	14.12	11.54	11.41	—	—	—		
	3	10.61	9.9	9.13	—	—	—		
	4	7.23	6.93	6.65	—	—	—		

通过 C++ 对所设计的枚举算法进行编程。这里对供应商的分配数量按100

为单位批量处理，这样做的目的是降低枚举算法的规模，同时也符合大批量采购的实际情况。

2. 算例结果分析

由 4.5.2 节的枚举算法求得该算例的最优解如表 4 - 21 所示。从中可以看出，拍卖方的最优目标值为 0.528313，此时的采购情况为：从第 1 家、第 6 家、第 9 家和第 10 家供应商那里的采购量分别为 600、500、100 和 300，交货期分别为 5、4、2 和 4，总交易费用为 10348。

表 4 - 21　　　　　　　　　　　　　　示例计算结果

名称	数据			
目标值	0.528313			
总交易金额	10348			
运行时间	739.1s			
选择的供应商	1	6	9	10
相应的分配量	600	500	100	300
相应的交货期	5	4	2	4

4.6　本章小结

本章主要以电子逆向拍卖为背景，重点研究拍卖方采购单产品多件物品的场景。针对一般情形下的胜者确定问题，建立了考虑采购费用、管理费用、转换费用、拖期惩罚费用和供应商多属性效用的多目标胜者确定模型，设计了求解模型的 LUPF 启发式算法，通过数值算例验证了模型和算法的有效性。结果表明，考虑单目标时供应商所承担的产品费用不一定低于考虑多目标时供应商所承担的产品费用；不考虑拖期惩罚时采购商可能会有额外的损失；不考虑属性值目标时所选供应商的属性一定不是最好的。

针对考虑供应模式的胜者确定问题，建立了考虑采购费用、管理费用、转换费用、拖期惩罚费用和供应商多属性效用的多目标胜者确定模型，设计了求解模型的 LPF 启发式算法，通过数值算例验证了模型和算法的有效性。算例结果表明，多目标问题转化为单目标问题时，选择合适的权重因子非常重要，这样决策者可以获得更满意的结果。

针对逆向拍卖中决策者是有限理性的胜者确定问题，以运筹学、行为经济学等为基础，构建了基于前景理论和累积前景理论的数学模型。在分析问题特征和模型结构的基础上，设计了嵌入动态选择策略和最大最小信息素控制策略的混合蚁群算法，用于求解不同规模的问题。通过与枚举算法和基本蚁群算法进行对比分析，发现混合蚁群算法优于其他两种算法。通过对所研究的问题进行分析，揭示了问题参数对最终采购方案的影响规律。通过与基于期望效用理论和前景理论的模型进行对比，发现基于累积前景理论的模型能够更准确地刻画不确定环境下决策者的风险态度。

针对考虑竞标者类型的电子逆向拍卖胜者确定问题，建立了基于整数规划的胜者确定模型。依据问题和模型特征，设计了最低平均单位价格优先的启发式算法求解该模型。最后，通过数值算例验证了模型和启发式算法的有效性。

针对考虑数量折扣和交货期折扣的两属性电子逆向拍卖胜者确定问题，建立了基于目标规划的胜者确定模型。依据逆向拍卖中拍卖方的目标和供应商的最低报价的特点，设计了求解该模型的枚举算法。最后，通过数值算例验证了胜者确定模型和相应的枚举算法的有效性和可用性。

本章的研究不仅在理论上将传统的仅考虑价格属性的逆向拍卖胜者确定扩展到考虑非价格属性的逆向拍卖胜者确定，而且为采购商通过逆向拍卖选择合作伙伴提供方法和技术支撑。

第5章　多产品单件物品电子逆向
拍卖胜者确定问题研究

传统的序贯拍卖（sequential auction）是一次只拍卖一种产品或一种捆绑的不可分的产品组合，此时胜者确定问题就是要选出投标价格最高的竞标人。但是序贯拍卖只适用于所有产品不相关的情况，而多产品拍卖时产品间可能存在着互补性或替代性（Özer and Özturan，2009）。互补性是两个异质产品的价值大于其各自的价值之和，即 $g_b(\{i, j\}) > g_b(\{i\}) + g_b(\{j\})$；替代性是两个同质产品的价值小于其各自的价值之和，即 $g_b(\{i, j\}) < g_b(\{i\}) + g_b(\{j\})$。其中 $g_b(S)$ 表示投标人 b 对产品组合 S 投标时的收益。当产品间存在互补性时，序贯拍卖可能会导致无效率的分配。然而，组合拍卖允许投标人对不同的产品同时投标，不存在无效率的分配，也更符合实际情况（如无线频谱使用权拍卖）。组合拍卖以计算复杂为代价，使得产品分配在经济上更有效。组合拍卖胜者确定问题是加权集装箱问题的一个实例，已被证明是 NP 难问题。

逆向组合拍卖（reverse combinatorial auction）是采购企业以拍卖的形式一次性采购多种不同的产品，这些产品是异质的（其中某些产品具有互补性），供应商可以任意选择感兴趣的产品组合进行投标。针对逆向组合拍卖中多产品单件物品胜者确定问题，本章建立了考虑总的采购成本和总的供应商属性值的双目标数学模型。基于实际的应用场景，考虑不同规模的数值算例，设计了基于回溯思想的枚举算法、最低等价投标价格优先（lowest equivalent price first，LEPF）的启发式算法、改进蚁群算法以及改进粒子群算法，并对算法的参数进行分析。具体地，本章设计了 4 组算例（具体数据详见附录 3 的表 6、表 7、表 8 和表 9），其中算例 1 考虑 10 个供应商参与投标、采购商需要采购 5 种产品；算例 2 考虑 30 个供应商参与投标、采购商需要采购 10 种产品；算例 3 考虑 100 个供应商参与投标、采购商需要采购 30 种产品；算例 4 考虑 150 个供应商参与投标、采购商需要采购 40 种产品。针对四种不同的算例，分别采用四种算法进行求解，并对这四种算法的性能进行比较，进而验证模型和算法的有效性。

5.1   问题描述及模型

5.1.1   问题描述与模型假设

1. 问题描述

采购商需要采购 m 种不同的产品，每种产品至多选择一个供应商，即每种物品只需采购单件、或供应商的供应能力足够大。若单个供应商能够提供采购商所需的某种产品的全部数量，则相当于采购商将每种产品的多件物品进行捆绑。假设有 n 个供应商参与投标，供应商的投标是不可分的，投标结束后采购商需要确定胜标者以满足采购需求，并实现采购目标。采购商在确定胜标者时需要考虑的目标包括最小化总的采购成本、最大化供应商的属性值，同时需要考虑拖期惩罚。图 5 – 1 可以用来简单地描述该问题。

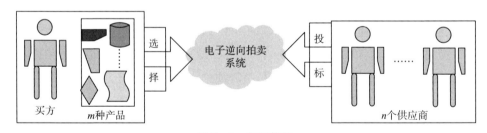

图 5 – 1   问题描述

2. 模型假设

为了降低成本、获得竞争优势，采购商需要通过电子逆向拍卖采购所需产品，同时在获得供应商报价后，需要快速确定获胜的供应商。多产品单件物品电子逆向组合拍卖胜者确定问题的模型建立是基于以下的基本假设：

（1）企业需要采购 m 类产品，产品供大于求，处于买方市场；

（2）每一类产品采购金额足够大，采购数量为一件或采购数量不超过供应商的供货能力，因此可以看作是每种产品只需采购一件；

（3）有 n 个供应商参与投标，他们可以选择其中的一种或多种产品组合投标；

（4）每个供应商只有一个投标，任何投标都是不可分的；

（5）投标形式采用第一价格密封拍卖。

5.1.2　模型设计

1. 符号说明

$j \in \{1, \cdots, n\}$：供应商索引号；

$k \in \{1, \cdots, m\}$：产品索引号；

$i \in \{1, \cdots, l\}$：属性索引号；

p_j：供应商 j 对其投标组合的总报价；

p_a：管理费用；

p_s：转换成本；

p_p：拖期惩罚；

y_j：二进制决策变量，如果供应商 j 被选择，则 $y_j = 1$，否则 $y_j = 0$；

S_j：对供应商 j 的多属性值评价，可由 FAHP-BOCR 求得。

2. 投标形式

系统要求供应商的投标形式为 $X_j = (B_j, A_j, p_j)$，其中：

$B_j = (b_{j1}, b_{j2}, \cdots, b_{jk}, \cdots, b_{jm})$，如果供应商 j 提供产品 k，那么 $b_{jk} = 1$，否则 $b_{jk} = 0$；

$$A_j = \begin{pmatrix} a_{j11}, & a_{j12}, & \cdots, & a_{j1i}, & \cdots, & a_{j1l} \\ \vdots & \vdots & \vdots & \vdots & \vdots & \vdots \\ a_{j11}, & a_{j12}, & \cdots, & a_{j1i}, & \cdots, & a_{j1l} \end{pmatrix}$$，a_{jki} 是供应商 j 提供的产品 k 的第 i 个属性值；

p_j 是供应商 j 的总报价。

3. 模型建立

基于上述符号，多属性逆向拍卖组合投标胜者确定的模型如下：

$$\min \sum_{j=1}^{n} p_j y_j + p_a \sum_{j=1}^{n} y_j + p_s \sum_{j=1}^{n} y_j + p_p \sum_{j=1}^{n} \sum_{k=1}^{m} (d_{jk} - D_k) y_j \qquad (5-1)$$

$$\max \sum_{j=1}^{n} S_j y_j \qquad (5-2)$$

s. t.

$$\sum_{j=1}^{n} a_{jk} y_j = 1 \qquad k = 1, \cdots, m \qquad (5-3)$$

$$y_j \in \{0, 1\} \qquad (5-4)$$

式（5-1）是最小化总的采购成本，式（5-2）是最大化属性值的综合打分，式（5-3）是满足采购需求的约束，式（5-4）是决策变量约束。

将上述多目标模型转化为单目标的模型如下：

$$\min \sum_{j=1}^{n} p_j y_j + p_a \sum_{j=1}^{n} y_j + p_s \sum_{j=1}^{n} y_j + p_p \sum_{j=1}^{n} \sum_{k=1}^{m} (d_{jk} - D_k) y_j - A \sum_{j=1}^{n} S_j y_j$$

$$(5-5)$$

s. t.

$$\sum_{j=1}^{n} a_{jk} y_j = 1 \qquad k = 1, \cdots, m \qquad (5-6)$$

$$y_j \in \{0, 1\} \qquad (5-7)$$

式中，A 是参数，使式（5-1）和式（5-2）的数量级一致。

令 $E_j = p_j + p_a + p_s + p_p \sum_{k=1}^{m} (d_{jk} - D_k) - AS_j$，则上述单目标模型等价为下面的模型：

$$\min \sum_{j=1}^{n} E_j y_j \qquad (5-8)$$

s. t.

$$\sum_{j=1}^{n} a_{jk} y_j = 1, \quad k = 1, \cdots, m \qquad (5-9)$$

$$y_j \in \{0, 1\}, \quad j = 1, 2, \cdots, n \qquad (5-10)$$

式中，E_j 是供应商 j 等价的投标价格，式（5-8）相当于最小化采购企业的总的采购成本，式（5-9）、式（5-10）分别是采购需求约束和决策变量约束。

下面首先对等价的模型进行算法设计和分析。

5.2　基于回溯思想的枚举算法

对于每一个产品都有若干个供应商参与竞标，首先要选出一个供应商，其能够提供该产品，同时不提供已经选择了的其他产品；对于接下来未被供应的产品，又要在许多新的供应商中做一个决策，选出满足要求的供应商。经过一系列的决策后，才能得到问题的解，对于这样的多决策问题，一个好的解决方法就是利用回溯思想设计枚举算法，对问题进行求解。

回溯是一种简单而非常强大的求解问题的方法，它系统地在所有可能的选择中搜索一个最优解。回溯算法的基本思想就是从第一个待决策的变量出发，逐步扩展部分解，如果当前扩展的决策变量是原问题的一个部分解，则继续扩展；如果不是，则回溯到前一个决策变量，进行新的扩展；以此类推，直到遍历问题的所有解。

5.2.1　算法设计

算法设计思想为：首先，遍历能提供第一个产品的所有供应商，并记录下来；其次，对于每一个供应商，根据回溯思想中的深度优先遍历方法，依次遍历所有满足约束条件的供应商；最后，计算每一组备选供应商总的费用，选择最优的一组供应商，即为问题的最优解。

根据算法设计思想，可以得到基于回溯思想的枚举算法，算法流程如图 5 - 2 所示。

5.2.2　数值分析

利用基于回溯思想的枚举算法，分别计算附录中的四组算例，并记录下了每组算例的最优解和总的迭代次数，具体结果如表 5 - 1 所示。

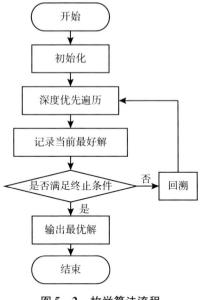

图 5 - 2　枚举算法流程

表 5 - 1　　　　　　　　　　　枚举算法算例结果

枚举	算例 1	算例 2	算例 3	算例 4
最好解	46	5092.7	14748	—
迭代次数	9	223	11294	—

显然，最坏的情况下算法的复杂性为 $O(n^m)$。分析表 5 - 1 中数据可知，对于算例 4，枚举算法无法在有效的时间内完成全部枚举，这是因为算例 4 中，需要采购 40 种产品，有 150 个供应商参与投标，所以最坏的情况需要迭代 $150^{40} \approx 1.06 \times 10^{87}$ 次。

5.3　LEPF 启发式算法

在 5.2 节枚举过程中发现，算法首先找出问题所有的可行解，然后再通过比较得出最优解，这大大增加了算法的运行时间，影响了算法的效率，因此本节设计了最低等价投标价格优先的启发式算法。

对于特定的大规模复杂问题，精确算法要找到最优解需要大量的计算时间。通常需要多年的研究来对这些精确算法进行改进，使它们适合对应的问题，然后再花几周甚至是几个月的计算时间来找到最优解。其次，现实中的问题通常包含多个约束条件，这些约束可能是研究前并不清楚或者是公司提出的新需求或者是出现了新的政策。在这种情况下，通常需要设计新的算法结构，这样之前的工作就只能是白做。此外，由于算法对问题的定制性，通常一个问题的算法不可以应用于其他问题相同但具有不同参数值的情况，否则计算时间可能会太长。因此，有必要用启发式算法代替精确算法对大规模的问题进行求解。

虽然启发式算法不能保证能找到问题的最优解，一般情况下只能找到局部最优解，但是在求解时间上却能得到改善。通常，这样的启发式算法能够找到一个满意解，一般只需要花几分钟、几小时或是几天，而不是花几周或是几个月的时间去设计新的精确算法。有时候，由于外界的扰动（如数据本身的不确定性等），特定的决策问题甚至不存在全局最优解。这时，使用启发式算法就更合适了，因为它可以很快找到近优解。除了具有只需要较短的计算时间以外，很多这些启发式算法执行起来简单快捷，对于其他问题相同参数不同的情况，只需要调整启发式的某些参数。

5.3.1　算法设计

算法设计思想为：首先，求解等价的投标价格；其次，对所求得的等价的投标价格按照升序排列；最后，依次选择满足约束的供应商，直到所选的供应商能提供所有需要采购的产品为止。

根据算法设计思想，可以获得最低等价价格优先的启发式算法，该算法的算法流程如图 5-3 所示。

5.3.2　数值分析

采用 LEPF 启发式算法，分别对附录中的四组测试算例进行求解，并记录下每组算例的一个可行解，具体结果如表 5-2 所示。

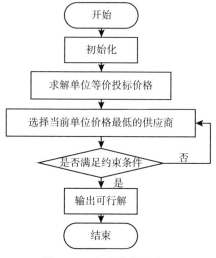

图 5 – 3　启发式算法流程

表 5 – 2　　　　　　　　　　启发式算法算例结果

启发式	算例 1	算例 2	算例 3	算例 4
可行解	46	5902.7	14944	4721.9
迭代次数	1	1	1	1

算法结果与枚举算法相比可知，对于小规模的算例，启发式算法能求到问题的最优解，但是随着算例规模的增大，启发式算法能在较短时间内求得问题的一个可行解。

5.4　改进蚁群算法

5.4.1　基本蚁群算法

蚁群算法是人们受到真实世界中蚂蚁群体行为的启发而提出的一种算法，它的主要思想是通过个体之间的信息交流与协作实现群体智能，最终求得问题的满意解。蚁群算法的主要优点是智能搜索、全局优化，鲁棒性、正反馈、分布式计算、易与其他算法结合等。蚁群算法的主要缺点是搜索时间长，大部分时间被用于解的构造；在执行过程中容易出现停滞现象，当问题规模较大时存在陷入局部最优解的可能性等。

基本蚁群算法的算法流程如图 5 - 4 所示。

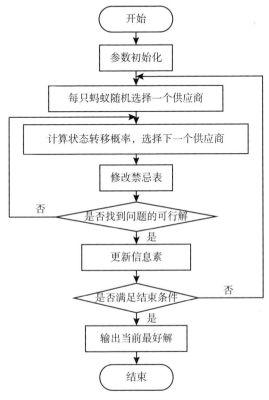

图 5 - 4　基本蚁群算法流程

5.4.2　改进蚁群算法

对于基本蚁群算法，本节主要做了以下改进：（1）为了增强蚁群算法的优化能力，防止算法过早出现停滞，本节采用最大最小信息素进行控制；（2）为了提高蚁群算法的全局搜索能力和搜索速度，防止随机选择策略导致进化速度较慢，本节引入了动态调整的选择策略。

1. 编码

本书采用实数编码，首先为所有蚂蚁随机分配一个供应商。

2. 适应值函数

改进蚁群算法中的适应值函数为 $f = \sum_{j=1}^{n} E_j y_j$。

3. 动态选择策略

$$p_j = \frac{\tau_j^{\alpha} \cdot \eta_j^{\beta} \cdot \chi_j}{\sum\limits_{j=1}^{n} \tau_j^{\alpha} \cdot \eta_j^{\beta} \cdot \chi_j} \qquad (5-11)$$

$$\chi_j = \frac{k \cdot m}{k \cdot m + g_j \cdot \eta_j / \max\eta} \qquad (5-12)$$

式（5-11）是蚂蚁的转移概率，式（5-12）是动态调整参数，其中 τ_j 是供应商 j 上残留的信息素，在初始时刻相等；η_j 是启发信息，定义 $\eta_j = \frac{1}{E_j}$，E_j 是供应商 j 等价的投标价格；α 和 β 是参数，取值一般在 0 到 5 之间；χ_j 是参数；k 是蚂蚁数目；m 是迭代次数；g_j 是供应商 j 被选择的次数；$\max\eta$ 是启发信息的最大值。

4. 信息素更新公式

信息素是蚁群算法的核心，信息素更新过程如下：

$$\tau_j(t+1) = (1-\rho) \cdot \tau_j(t) + \Delta\tau_j(t) \qquad (5-13)$$

$$\Delta\tau_j(t) = \begin{cases} \dfrac{1}{h}, & \text{蚂蚁选择供应商 } j \\ 0, & \text{其他} \end{cases} \qquad (5-14)$$

式（5-13）中 ρ 是信息素挥发因子，通常 $0.1 < \rho < 0.99$；式（5-14）中 h 是当前全局最优解。

5. 最大最小信息素

最大最小信息素控制通常由下式给出：

$$\tau_j = \begin{cases} \tau_{\max}, & \text{if } \tau_j > \tau_{\max} \\ \tau_{\min}, & \text{if } \tau_j > \tau_{\min} \end{cases} \qquad (5-15)$$

式中，参数 $\tau_{\max}$ 和 $\tau_{\min}$ 分别表示最大和最小信息素。如果蚁群算法连续多次迭代仍找不到更好的解，则按下式处理：

$$\tau_j = \begin{cases} \tau_{\min}, & \text{if } \tau_j = \tau_{\max} \\ \tau_{\max}, & \text{if } \tau_j = \tau_{\min} \end{cases} \qquad (5-16)$$

经验表明，这样控制信息素，能够增强算法的优化能力，防止算法陷入局部最优。

6. 终止准则

当达到最大迭代次数时，算法终止。

7. 改进蚁群算法流程

改进蚁群算法步骤如下：

步骤 1：初始化算法参数，包括蚂蚁数目 K，最大迭代次数 NG，最大连续相同解的次数 N_{same}，参数 α，β，ρ，τ_{max}，τ_{min}，及启发式信息；

步骤 2：每只蚂蚁随机选择一个供应商，计算转移概率，直到找到可行解，记录当前最优解和当前全局最优解；

步骤 3：判断当前全局最优解是否连续 N_{same} 次没变，若是，则交换最大最小信息素；

步骤 4：更新信息素；

步骤 5：判断是否满足终止条件，若是，则输出最优解，否则，转步骤 2。

5.4.3　数值分析

本书用动态调整选择策略和最大最小信息素控制对蚁群算法进行改进，并用它来求解上述等价的胜者确定模型。由于种群大小、迭代次数、信息素初始浓度等算法参数对算法性能有影响，所以必须对算法参数进行调节，以获得较好的参数组合，从而求到更满意的解。下面以算例 3 为例，给出了算法参数的测试过程。

算法分析中的参数说明见表 5 – 3 所示。

表 5 – 3　　　　　　　　　　　蚁群算法参数说明

符号	说明	符号	说明
K	种群大小	τ_{max}	最大信息素
NG	迭代次数	ρ	挥发因子
α	残留信息权重	t	运行时间

续表

符号	说明	符号	说明
β	启发式信息权重	mean	均值
$\tau_{\min}$	最小信息素	var	方差

下面以算例 3 为例，主要讨论算法参数对算法性能的影响，具体分析如下。

（1）初始种群 K 对结果的影响如表 5 - 4 所示。

表 5 - 4 　　　　　　　　　　　　参数 K 的影响

K	NG	α	β	$\tau_{\min}$	$\tau_{\max}$	ρ	t	mean	var
30	50	0.5	0.01	0.1	0.9	0.1	19s	14757.3	10.64
40	50	0.5	0.01	0.1	0.9	0.1	25s	14756.7	16.92
50	**50**	**0.5**	**0.01**	**0.1**	**0.9**	**0.1**	**31s**	**14754.2**	**14.6**
67	50	0.5	0.01	0.1	0.9	0.1	40s	14754	11.29
75	50	0.5	0.01	0.1	0.9	0.1	46s	14754.4	5.4

分析表 5 - 4 中数据，权衡均值、方差和时间，取种群大小 $K = 50$（见黑体部分），并对其他参数进行测试。

（2）迭代次数 NG 对算法结果的影响如表 5 - 5 所示。

表 5 - 5 　　　　　　　　　　　　参数 NG 的影响

K	NG	α	β	$\tau_{\min}$	$\tau_{\max}$	ρ	t	mean	var
50	**50**	**0.5**	**0.01**	**0.1**	**0.9**	**0.1**	**31s**	**14754.8**	**10.83**
50	100	0.5	0.01	0.1	0.9	0.1	64s	14753.5	10.42
50	200	0.5	0.01	0.1	0.9	0.1	126s	14752.1	6.91
50	500	0.5	0.01	0.1	0.9	0.1	315s	14749.5	5.64
50	1000	0.5	0.01	0.1	0.9	0.1	629s	14748	0

从表 5 - 5 中数据分析可知, 随着迭代次数的增大, 均值和方差都向着好的方向变化, 当迭代次数足够大 (为 1000) 时, 算法能收敛到最优解, 且偏差为零。当 $NG = 50$ 时, 算法的计算时间较短, 且所得均值与最优值之间相差不大。故而, 取 $NG = 50$ 对其他参数进行测试。

(3) 参数 α 对算法结果的影响如表 5 - 6 所示。

表 5 - 6   参数 α 的影响

K	NG	α	β	$\tau_{\min}$	$\tau_{\max}$	ρ	t	mean	var
50	50	0.1	0.01	0.1	0.9	0.1	31s	14755.2	7.4
50	50	0.5	0.01	0.1	0.9	0.1	31s	14754.8	10.83
50	**50**	**0.9**	**0.01**	**0.1**	**0.9**	**0.1**	**31s**	**14754.7**	**13.11**
50	50	1.5	0.01	0.1	0.9	0.1	31s	14755.6	16.93
50	50	2.5	0.01	0.1	0.9	0.1	31s	14755.1	9.35

从表 5 - 6 中数据分析可知, 随着参数 α 的增加, 均值由大变小再变大, 方差由小变大再变小, 因此取 $\alpha = 0.9$, 对其他参数进行测试。

(4) 参数 β 对算法结果的影响如表 5 - 7 所示。

表 5 - 7   参数 β 的影响

K	NG	α	β	$\tau_{\min}$	$\tau_{\max}$	ρ	t	mean	var
50	50	0.9	0.01	0.1	0.9	0.1	31s	14754.7	13.11
50	50	0.9	0.1	0.1	0.9	0.1	31s	14753.6	8.91
50	**50**	**0.9**	**0.5**	**0.1**	**0.9**	**0.1**	**31s**	**14749.1**	**4.45**
50	50	0.9	0.7	0.1	0.9	0.1	31s	14748.2	0.98
50	50	0.9	0.9	0.1	0.9	0.1	31s	14748	0

从表 5 - 7 中数据分析可知, 随着参数 β 的增大, 均值和方差都向着好的方向变化, 当参数 β 足够大 (为 0.9) 时, 算法能收敛到最优解, 且偏差为

零。为了测试其他参数，取参数 $\beta = 0.5$。

（5）参数 τ_{min} 对算法结果的影响如表 5-8 所示。

表 5-8   参数 τ_{min} 的影响

K	NG	α	β	τ_{min}	τ_{max}	ρ	t	mean	var
50	50	0.9	0.5	0.1	0.9	0.1	31s	14749.1	4.45
50	50	0.9	0.5	0.3	0.9	0.1	31s	14749.7	7.83
50	**50**	**0.9**	**0.5**	**0.4**	**0.9**	**0.1**	**31s**	**14748.9**	**4.23**
50	50	0.9	0.5	0.5	0.9	0.1	31s	14748.7	4.62
50	50	0.9	0.5	0.7	0.9	0.1	31s	14749.1	5.73

从表 5-8 中数据分析可知，随着参数 τ_{min} 的增加，均值由大变小再变大，方差的变化呈现无规律，综合权衡，取参数 $\tau_{min} = 0.4$，对其他参数进行测试。

（6）参数 τ_{max} 对算法结果的影响如表 5-9 所示。

表 5-9   参数 τ_{max} 的影响

K	NG	α	β	τ_{min}	τ_{max}	ρ	t	mean	var
50	50	0.9	0.5	0.4	0.5	0.1	31s	14749.3	5.52
50	50	0.9	0.5	0.4	0.6	0.1	31s	14748.7	3.73
50	**50**	**0.9**	**0.5**	**0.4**	**0.7**	**0.1**	**31s**	**14748.6**	**2.95**
50	50	0.9	0.5	0.4	0.9	0.1	31s	14748.9	4.23
50	50	0.9	0.5	0.4	1.5	0.1	31s	14749	6.28

从表 5-9 中数据分析可知，随着参数 τ_{max} 的增加，均值和方差由大变小再变大，因此取参数 $\tau_{max} = 0.7$，对其他参数进行测试。

（7）参数 ρ 对算法结果的影响如表 5-10 所示。

表 5-10   参数 ρ 的影响

K	NG	α	β	τ_{min}	τ_{max}	ρ	t	mean	var
50	50	0.9	0.5	0.4	0.7	0.1	31s	14748.6	2.95

续表

K	NG	α	β	τ_{min}	τ_{max}	ρ	t	mean	var
50	**50**	**0.9**	**0.5**	**0.4**	**0.7**	**0.3**	**31s**	**14748.5**	**2.74**
50	50	0.9	0.5	0.4	0.7	0.5	31s	14748.7	3.29
50	50	0.9	0.5	0.4	0.7	0.4	31s	14748.6	3.35
50	50	0.9	0.5	0.4	0.7	0.6	31s	14748.8	5.61

从表 5 – 10 中数据分析可知，随着参数 ρ 的增加，均值无明显变化，方差由大变小再变大，综合权衡，取参数 $\rho = 0.3$。

综上所述，取 $K = 50$，$NG = 50$，$\alpha = 0.9$，$\beta = 0.5$，$\tau_{min} = 0.4$，$\tau_{max} = 0.7$，$\rho = 0.3$ 时，算法收敛到最优值 14748，且方差为 0，从而验证了算法的有效性。

5.5　改进粒子群算法

5.5.1　粒子群算法

粒子群算法（particle swarm optimization algorithm，PSO）源于对鸟群或鱼群捕食行为的模拟，每只鸟被称之为一个粒子，代表了搜索空间中的一个潜在的可行解，食物的位置被认为是全局最优解。在搜索空间中，粒子以一定的速度飞行，并根据它先前的飞行速度、本身及同伴的飞行经验动态调整，从而达到寻找最优解的目的。

PSO 算法概念简单，控制参数少，寻优结果与初值无关，具有一定的并行性，自被提出以来，受到了学术界的广泛关注。但算法也存在易于过早陷于局部最优解、进化后期收敛速度慢，对于复杂的问题可能搜索不到最优解等问题。经验显示，PSO 算法在解决大多数连续优化问题时表现出色，但是将 PSO 算法转化为二进制形式求解离散问题并不是 PSO 的优势所在。本节采用了一种改进的粒子群算法，该算法采用量子位进行编码，采用量子本身的翻译过程将连续的 PSO 离散化，同时考虑加入时变权重和异步学习因子，使每个粒子能够更好地权衡局部搜索和全局搜索，以提升粒子的寻优能力。

5.5.2 量子进化算法

1. 量子进化算法概述

量子进化算法是量子理论与进化算法相结合的一种优化算法。该算法用量子位编码表示染色体，用量子门更新完成进化搜索，具有种群分散性好、收敛速度快和全局寻优能力强且易与其他算法融合等特点。量子进化算法的内在并行性使得量子进化算法比传统进化算法拥有更高的搜索效率（钱洁等，2011）。

一个量子比特可以表示为 $[\alpha_i, \beta_i]'$，其中，α_i 和 β_i 表示相应态的概率振幅，且 $|\alpha_i|^2 + |\beta_i|^2 = 1$。$|\alpha_i|^2$ 表示量子比特在"0"态时的概率，$|\beta_i|^2$ 表示量子比特在"1"态时的概率。在第 t 代的染色体种群为：

$$Q(t) = \{q_1^t, q_2^t, \cdots, q_n^t\}$$

其中，n 为种群大小，t 为进化代数，q_j^t 为染色体，即：

$$q_j^t = \begin{bmatrix} \alpha_{j1} \\ \beta_{j1} \end{bmatrix} \begin{vmatrix} \alpha_{j2} \\ \beta_{j2} \end{vmatrix} \cdots \begin{vmatrix} \alpha_{jm} \\ \beta_{jm} \end{vmatrix}, \quad j = 1, 2, \cdots, n$$

上式中：m 表示染色体长度，满足 $|\alpha_{ji}|^2 + |\beta_{ji}|^2 = 1$。算法流程描述如下：

begin

  $t \leftarrow 0$

  初始化 $Q(t)$

  通过观察 $Q(t)$ 的状态生成 $P(t)$

  对 $P(t)$ 进行评价，并记录下 $P(t)$ 中的最好解

while（非终止条件）do

  begin

    $t \leftarrow t + 1$

    通过观察 $Q(t-1)$ 的状态生成 $P(t)$

    评价 $P(t)$

    通过量子门 $U(\theta)$ 更新 $P(t)$

    记录下 $P(t)$ 中的最好解

  end

end

$Q(t)$ 表示第 t 代量子比特染色体种群，$P(t)$ 表示第 t 代解码后的二进制解集。第 i 个量子比特的更新公式如下：

$$\begin{bmatrix} \alpha'_i \\ \beta'_i \end{bmatrix} = U(\theta) \begin{bmatrix} \alpha_i \\ \beta_i \end{bmatrix} = \begin{bmatrix} \cos(\theta_i) & -\sin(\theta_i) \\ \sin(\theta_i) & \cos(\theta_i) \end{bmatrix} \begin{bmatrix} \alpha_i \\ \beta_i \end{bmatrix} \qquad (5-17)$$

$$\theta_i = s(\alpha_i, \beta_i) \times \Delta\theta_i \qquad (5-18)$$

θ_i 表示旋转的角度，$s(\alpha_i, \beta_i)$ 表示旋转的方向，$\Delta\theta_i$ 是量子旋转门旋转角度的大小。

2. 量子进化算法的量子角编码

由于量子比特中的量子位 $[\alpha_i, \beta_i]'$ 中 $|\alpha_i|^2 + |\beta_i|^2 = 1$，而对于任意角度 θ_i 都有 $|\sin(\theta_i)|^2 + |\cos(\theta_i)|^2 = 1$，因此量子位可以理解成一个量子角 θ_i，在量子进化过程中可以通过量子旋转门旋转 θ_i 这个量子角来改变量子状态。

这样，$[\theta_i]$ 就可以表示一个量子比特位，相当于原来的 $[\sin(\theta_i), \cos(\theta_i)]'$，这里 $|\sin(\theta_i)|^2$ 表示量子比特在"0"态时的概率，$|\cos(\theta_i)|^2$ 表示量子比特在"1"态时的概率，自然地，$|\sin(\theta_i)|^2 + |\cos(\theta_i)|^2 = 1$。由此可见，量子比特编码方式完全可以被量子角编码方式所代替。此时，量子染色体可以表示为 $q = [\theta_1 | \theta_2 | \cdots | \theta_n]$，对于各个量子位的量子旋转门更新公式（5-18）可以替换成下式：

$$[\theta'_i] = [\theta_i + \Delta\theta_i] \qquad (5-19)$$

5.5.3　基于量子进化的粒子群算法

肯尼迪（Kennedy）于 1997 年提出二进制离散版本的粒子群优化算法，用来解决二进制编码的优化问题。虽然二进制离散版本的 PSO 解决了二进制变量更新的问题，却也使得粒子群优化算法求解连续优化问题效果较好的优势消失了。为此本节考虑将量子进化算法应用于 PSO 求解二进制离散问题，这样算法粒子不再采用二进制编码方式，而是变成量子角编码方式，离散信息转化成了连续信息，PSO 所做的工作就相当于求解连续优化问题了。这种用量子进化算法更新二进制离散变量的粒子群算法称为量子粒子群（quantum particle swarm optimization，QPSO）算法。

1. 编码

粒子采用量子角编码，表示为 $[\theta_{i1}, \theta_{i2}, \cdots, \theta_{in}]$，这里（$i = 1, 2, \cdots,$ K, $j = 1, 2, \cdots, n$）。其中，$\theta_{ij} \in \left(0, \dfrac{\pi}{2}\right)$，这是因为 $|\sin(\theta_{ij})|$，$|\cos(\theta_{ij})|$ 在四个象限内是从 0 到 1 变化的，如果 θ_{ij} 在整个坐标系旋转，则会造成重复搜索，影响算法的搜索效率。

2. 适应值函数

量子粒子群算法中的适应值函数为 $f = \displaystyle\sum_{j=1}^{n} E_j y_j$。

3. 修复过程

令：

J = 所有供应商的集合；

M = 所有产品的集合；

ξ_j = 供应商 j 提供的产品集合，$j \in J$；

ζ_k = 提供产品 k 的供应商集合，$k \in M$；

S = 被粒子选择的供应商集合；

U = 未被 S 中的供应商选择的产品集合；

w_k = 集合 S 中供应产品 k 的供应商数目，$k \in M$；

α = 启发式信息调节参数。

修复步骤如下：

步骤 1：初始化 $w_k \leftarrow |S \cap \zeta_k|$，$\forall k \in M$；

步骤 2：初始化 $U \leftarrow \{k | w_k = 0, \forall k \in M\}$；

步骤 3：对于集合 U 中的每个产品 k，找出集合 ζ_k 中能最大化 $\left[\dfrac{\alpha^{\wedge}(|U \cap \xi_j| - 1)}{p_j}\right]$ 的供应商 j，将 j 加入集合 S 中，令 $w_k \leftarrow w_k + 1$，$\forall k \in \xi_j$，$U \leftarrow U - \xi_j$；

步骤 4：对于集合 S 中的每个供应商 j，如果 $w_k \geqslant 2$，$\forall k \in \xi_j$，找出集合 ζ_k 中能最小化 $\left[\dfrac{\alpha^{\wedge}(|U \cap \xi_j| - 1)}{p_j}\right]$ 的供应商 j，令 $S \leftarrow S - j$，$w_k \leftarrow w_k - 1$，$\forall k \in \xi_j$；

步骤 5：最终得到的集合 S 即为可行解。

4. 粒子的更新

粒子的速度和位置的更新公式如下：

$$v_{ij} \leftarrow w_i v_{ij} - c_1 \xi [\theta_{ij(best)} - \theta_{ij}] - c_2 \eta (\theta_{gj(best)} - \theta_{ij}) \qquad (5-20)$$

$$\theta_{ij} \leftarrow \theta_{ij} + v_{ij} \qquad (5-21)$$

这里，v_{ij} 和 θ_{ij} 分别是种群中第 i 个粒子在第 j 个位置上的速度和位置，$\theta_{ij} \in \left(0, \frac{\pi}{2}\right)$，$i = 1, 2, \cdots, K$，$K$ 是种群规模。$\theta_{ij(best)}$ 是种群中第 i 个粒子的最好位置，$\theta_{gj(best)}$ 是种群的最好位置，w_i 是时变惯性权重，ξ 和 η 是区间 $[0, 1]$ 上的随机数，c_1 和 c_2 是异步时变学习因子，其中，c_1 是自我学习因子，随着迭代次数的增加而线性减少，c_2 是社会学习因子，随着迭代次数的增加而线性增加。其中，w_i，c_1 和 c_2 的公式如下：

$$w_i = w_{max} - \frac{(w_{max} - w_{min}) \times iter}{IterMax} \qquad (5-22)$$

$$c_1 = \frac{(c_{1f} - c_{1i}) \times iter}{IterMax} + c_{1i} \qquad (5-23)$$

$$c_2 = \frac{(c_{2f} - c_{2i}) \times iter}{IterMax} + c_{2i} \qquad (5-24)$$

式中，w_{max} 和 w_{min} 分别是最大和最小权重，可取 1.4 ~ 0，0.9 ~ 0.4，0.95 ~ 0.2 等；c_{1i}，c_{1f}，c_{2i}，c_{2f} 为常数，分别为 c_1 和 c_2 的初始值和最终值。$IterMax$ 为最大迭代次数，$iter$ 为当前迭代次数。通常认为当 $c_{1i} = 2.5$，$c_{1f} = 0.5$，$c_{2i} = 0.5$，$c_{2f} = 2.5$ 时优化效果较好。异步学习因子与线性减小的时变权重配合使用，效果较好。

5. 终止准则

将最大迭代次数 NG 设定为终止准则。

6. QPSO 算法流程

QPSO 算法的步骤如下：

步骤 1：设置参数 NG，c_{1i}，c_{1f}，c_{2i}，c_{2f}，w_{max} 和 w_{min} 的初始值；

步骤 2：随机产生 K 个区间 $\left[0, \frac{\pi}{2}\right]$ 的量子角，形成粒子的初始种群，并初始化各个粒子的速度；

步骤 3：将步骤 2 中的量子角翻译成 0 - 1 矩阵；

步骤 4：对步骤 3 中的粒子进行修复，使之满足约束条件；

步骤 5：对修复后的粒子进行评价；

步骤 6：记录下粒子当前个体历史最优解和当前全局最优解，以及这些解对应的原始量子角编码粒子；

步骤 7：根据式（5-20）和式（5-21）分别对各个粒子的速度和位置进行更新，且用作更新操作的是未经翻译和修复的原始量子角编码粒子；

步骤 8：判断搜索的终止条件，若达到最大迭代次数，则输出最优解，否则转步骤 2。

5.5.4　数值分析

1. 算法参数分析

本节用量子进化算法中的量子位编码对粒子群算法进行改进，并用它来求解上述等价的胜者确定模型。由于种群大小、迭代次数、权重因子、学习因子等算法参数对算法性能有影响，所以必须对算法参数进行调节，获得较好的参数组合，改进问题的最优解。下面以算例 4 为例，给出了算法参数的测试过程。

算法分析中的参数说明如表 5-11 所示。

表 5-11　　　　　　　　　　　　粒子群算法参数说明

符号	说明	符号	说明
K	种群大小	w_{min}	惯性权重的最小值
NG	迭代次数	w_{max}	惯性权重的最大值
c_{1i}	自我学习因子的初值	α	启发信息调节参数
c_{1f}	自我学习因子的终值	t	平均运行时间
c_{2i}	社会学习因子的初值	mean	均值
c_{2f}	社会学习因子的终值	var	方差

下面以算例 4 为例，讨论算法参数对算法结果的影响。

（1）启发信息 α 对算法结果的影响如表 5-12 所示。

表 5 –12　　　　　　　　　　　参数 α 的影响

K	NG	c_{1i}	c_{1f}	c_{2i}	c_{2f}	w_{min}	w_{max}	α	t	mean	var
75	**50**	**5**	**0. 01**	**0. 5**	**2. 5**	**0. 01**	**0. 95**	**2**	**7s**	**3860. 7**	**458. 04**
75	50	5	0. 01	0. 5	2. 5	0. 01	0. 95	4	7s	3841. 2	162. 84
75	50	5	0. 01	0. 5	2. 5	0. 01	0. 95	5	7s	3836. 8	129. 53
75	50	5	0. 01	0. 5	2. 5	0. 01	0. 95	8	7s	3832. 3	79. 96
75	50	5	0. 01	0. 5	2. 5	0. 01	0. 95	10	7s	3833. 9	121. 21

观察算法能够找到的最好解和最差解，选择 $\alpha = 2$，对其他参数进行测试。这是由于随着 α 的增大，算法更有可能陷入局部最优。

（2）种群大小 K 对算法结果的影响如表 5 –13 所示。

表 5 –13　　　　　　　　　　　参数 K 的影响

K	NG	c_{1i}	c_{1f}	c_{2i}	c_{2f}	w_{min}	w_{max}	α	t	mean	var
60	50	5	0. 01	0. 5	2. 5	0. 01	0. 95	2	6s	3864	501. 94
75	50	5	0. 01	0. 5	2. 5	0. 01	0. 95	2	7s	3860. 7	458. 04
100	50	5	0. 01	0. 5	2. 5	0. 01	0. 95	2	9s	3855. 7	555. 7
120	50	5	0. 01	0. 5	2. 5	0. 01	0. 95	2	11s	3852. 7	281. 59
150	**50**	**5**	**0. 01**	**0. 5**	**2. 5**	**0. 01**	**0. 95**	**2**	**14s**	**3847. 5**	**286. 88**

分析表 5 –13 中数据可知，随着种群规模的增加，均值和方差向好的方向变化。综合权衡均值、方差和时间，取种群大小 $K = 150$（见黑体部分），对其他参数进行测试。

（3）自我学习因子的初值 c_{1i} 对算法结果的影响如表 5 –14 所示。

表 5 –14　　　　　　　　　　　参数 c_{1i} 的影响

K	NG	c_{1i}	c_{1f}	c_{2i}	c_{2f}	w_{min}	w_{max}	α	t	mean	var
150	50	0. 5	0. 01	0. 5	2. 5	0. 01	0. 95	2	14s	3847. 6	284. 89
150	**50**	**2. 5**	**0. 01**	**0. 5**	**2. 5**	**0. 01**	**0. 95**	**2**	**14s**	**3848. 9**	**321. 59**
150	50	5	0. 01	0. 5	2. 5	0. 01	0. 95	2	14s	3847. 5	286. 88

K	NG	c_{1i}	c_{1f}	c_{2i}	c_{2f}	w_{min}	w_{max}	α	t	mean	var
150	50	7.5	0.01	0.5	2.5	0.01	0.95	2	14s	3850.1	347.67
150	50	10	0.01	0.5	2.5	0.01	0.95	2	14s	3843.3	306.56

综合分析表 5 – 14 中数据可知，随着 c_{1i} 的增加，均值和方差跳跃变化。综合考虑解的全局搜索能力和局部寻优能力，取 $c_{1i} = 2.5$，对其他参数进行测试。

（4）自我学习因子的终值 c_{1f} 对算法结果的影响如表 5 – 15 所示。

表 5 – 15   参数 c_{1f} 的影响

K	NG	c_{1i}	c_{1f}	c_{2i}	c_{2f}	w_{min}	w_{max}	α	t	mean	var
150	50	2.5	0.01	0.5	2.5	0.01	0.95	2	14s	3848.9	321.59
150	50	2.5	0.5	0.5	2.5	0.01	0.95	2	14s	3847.2	234.71
150	50	2.5	1	0.5	2.5	0.01	0.95	2	14s	3847.2	193.85
150	50	2.5	1.5	0.5	2.5	0.01	0.95	2	14s	3845.5	255.39
150	**50**	**2.5**	**2**	**0.5**	**2.5**	**0.01**	**0.95**	**2**	**14s**	**3841.5**	**278.39**

综合分析表 5 – 15 中数据可知，随着 c_{1f} 的增加，均值逐渐减小，方差先减小后增大，综合权衡，取 $c_{1f} = 2$，对其他参数进行测试。

（5）社会学习因子的初值 c_{2i} 对算法结果的影响如表 5 – 16 所示。

表 5 – 16   参数 c_{2i} 的影响

K	NG	c_{1i}	c_{1f}	c_{2i}	c_{2f}	w_{min}	w_{max}	α	t	mean	var
150	50	2.5	2	0.01	2.5	0.01	0.95	2	14s	3847	336.7
150	**50**	**2.5**	**2**	**0.5**	**2.5**	**0.01**	**0.95**	**2**	**14s**	**3841.5**	**278.39**
150	50	2.5	2	1	2.5	0.01	0.95	2	14s	3845	324.87
150	50	2.5	2	1.5	2.5	0.01	0.95	2	14s	3844.1	182.51
150	50	2.5	2	2	2.5	0.01	0.95	2	14s	3849	280.18

分析表 5 – 16 中数据可知，随着 c_{2i} 的增加，均值和方差跳跃变化。统计算法搜索到的最小值和最大值及最小值的个数，取 $c_{2i} = 0.5$，对其他参数进行测试。

（6）社会学习因子的终值 c_{2f} 对算法结果的影响如表 5 – 17 所示。

表 5 – 17　　　　　　　　　　参数 c_{2f} 的影响

K	NG	c_{1i}	c_{1f}	c_{2i}	c_{2f}	w_{min}	w_{max}	α	t	mean	var
150	50	2.5	2	0.5	1	0.01	0.95	2	14s	3843.9	353.21
150	**50**	**2.5**	**2**	**0.5**	**1.5**	**0.01**	**0.95**	**2**	**14s**	**3847.4**	**547.18**
150	50	2.5	2	0.5	2	0.01	0.95	2	14s	3844.9	387.04
150	50	2.5	2	0.5	2.5	0.01	0.95	2	14s	3841.5	278.39
150	50	2.5	2	0.5	3	0.01	0.95	2	14s	3846.2	320.11

分析表 5 – 17 中数据可知，随着 c_{2f} 的增加，均值和方差跳跃变化。权衡算法搜索到最小值的能力及最小值的个数，取 $c_{2f} = 1.5$，对其他参数进行测试。

（7）惯性权重的最小值 w_{min} 对算法结果的影响如表 5 – 18 所示。

表 5 – 18　　　　　　　　　　参数 w_{min} 的影响

K	NG	c_{1i}	c_{1f}	c_{2i}	c_{2f}	w_{min}	w_{max}	α	t	mean	var
150	**50**	**2.5**	**2**	**0.5**	**1.5**	**0.01**	**0.95**	**2**	**14s**	**3847.4**	**547.18**
150	50	2.5	2	0.5	1.5	0.1	0.95	2	14s	3848.9	197.41
150	50	2.5	2	0.5	1.5	0.3	0.95	2	14s	3844.9	241.37
150	50	2.5	2	0.5	1.5	0.5	0.95	2	14s	3845.5	280.75
150	50	2.5	2	0.5	1.5	0.7	0.95	2	14s	3844.7	249.58

分析表 5 – 18 中数据可知，随着 w_{min} 的增加，均值和方差变化呈现无规律性。考虑算法搜索到最小解的能力及最小解的个数，取 $w_{min} = 0.01$，对其他参数进行测试。

（8）惯性权重的最大值 w_{max} 对算法结果的影响如表 5 - 19 所示。

表 5 - 19　　　　　　　　　　参数 w_{max} 的影响

K	NG	c_{1i}	c_{1f}	c_{2i}	c_{2f}	w_{min}	w_{max}	α	t	mean	var
150	50	2.5	2	0.5	1.5	0.01	0.5	2	14s	3842.3	327.87
150	50	2.5	2	0.5	1.5	0.01	0.7	2	14s	3843	224.59
150	50	2.5	2	0.5	1.5	0.01	0.9	2	14s	3847.1	264.65
150	**50**	**2.5**	**2**	**0.5**	**1.5**	**0.01**	**0.95**	**2**	**14s**	**3847.4**	**547.18**
150	50	2.5	2	0.5	1.5	0.01	1.1	2	14s	3845	199.12

分析表 5 - 19 中数据可知，随着 w_{max} 的增加，均值先变大再变小，方差跳跃变化，综合权衡算法所求得的解的情况，取 $w_{max} = 0.95$，对其他参数进行测试。

（9）迭代次数 NG 对算法结果的影响如表 5 - 20 所示。

表 5 - 20　　　　　　　　　　参数 NG 的影响

K	NG	c_{1i}	c_{1f}	c_{2i}	c_{2f}	w_{min}	w_{max}	α	t	mean	var
150	100	2.5	2	0.5	1.5	0.01	0.95	2	27s	3835.4	179.2
150	500	2.5	2	0.5	1.5	0.01	0.95	2	135s	3821.1	70.54
150	1000	2.5	2	0.5	1.5	0.01	0.95	2	269s	3818.45	53.64
150	2000	2.5	2	0.5	1.5	0.01	0.95	2	542s	3813.2	24.21
150	**5000**	**2.5**	**2**	**0.5**	**1.5**	**0.01**	**0.95**	**2**	**1349s**	**3811.2**	**0**

分析表 5 - 20 中数据可知，随着 NG 的增加，均值和方差均变小，当 NG 足够大（ $NG = 5000$ ）时，算法收敛到最好解 3811.2，且方差为零。

综上所述，取 $K = 150$，$NG = 5000$，$c_{1i} = 2.5$，$c_{1f} = 2$，$c_{2i} = 0.5$，$c_{2f} = 1.5$，$w_{min} = 0.01$，$w_{max} = 0.95$，$\alpha = 2$ 时，算法收敛到最优值 3811.2，且方差为零，从而说明了 QPSO 算法的有效性。

2. 算法对比分析

上面详细分析了算法的参数，本节针对附录中给出的四组算例，用上述方法进行参数测试，找到各组算例的最优参数组合，对算法进行分析，算例结果如表 5 - 21 所示。

表 5 - 21　　　　　　　　不同规模的算法对比分析

算法	算例	种群大小	迭代次数	最好解	最差解	均值	方差	时间
枚举	1	—	—	46	46	46	0	<1s
	2	—	—	5902.7	5902.7	5902.7	0	<1s
	3	—	—	14178	14178	14178	0	6s
	4	—	—	—	—	—	—	—
启发式	1	—	—	46	46	46	0	<1s
	2	—	—	5902.7	5902.7	5902.7	0	<1s
	3	—	—	14944	14944	14944	0	<1s
	4	—	—	4721.9	4721.9	4721.9	0	<1s
改进蚁群	1	10	5	46	46	46	0	<1s
	2	20	30	5902.7	5902.7	5902.7	0	<1s
	3	50	50	14748	14748	14748	0	27s
	4	75	1000	3865.2	4008.7	3954.2	1197.23	1974s
QPSO	1	5	5	46	46	46	0	<1s
	2	10	5	5902.7	5902.7	5902.7	0	<1s
	3	20	20	14748	14748	14748	0	<1s
	4	150	5000	3811.2	3811.2	3811.2	0	1349s

由表 5 - 21 中数据可知，枚举算法能够求得精确结果，但要消耗大量时间，尤其当规模扩大时，该算法无法在有效的时间内求得结果；启发式算法能在较短的时间内求得可行解，对于小规模的问题可以求得最优解，当规模扩大时无法保证解的质量；改进的蚁群算法对于中小规模的问题能在有效的时间内求得最优解，但是对于大规模的问题，算法运行时间较长，且无法得到令人满意的结果；与枚举算法相比，改进的粒子群算法的优势较明显，对于小规模的问题能在较短的时间内求得最优解，对于大规模的问题，也能通过增加迭代次

数和调整算法参数求得较为满意的解。

5.6　本章小结

本章针对电子逆向拍卖中多产品单件物品胜者确定问题的特点，建立了综合考虑采购费用、管理费用、转换成本、拖期惩罚费用最小化和供应商属性值最大化的多目标整数规划模型。同时，根据模型的特点，将多目标模型转化为等价的单目标模型。由于该问题是一个 NP 难问题，当问题规模较大时很难在多项式时间内获得满意解。因此，本章针对等价模型的特点，设计了基于回溯思想的枚举算法、最低等价投标价格优先的启发式算法、基于动态选择策略的改进蚁群算法和基于量子进化算法的改进粒子群算法。在此基础上，以算例 3 和算例 4 为例，对算法中的参数进行了测试，获得了较好的参数组合，使算法性能更优。最后对上述四种算法进行了对比，结果表明，枚举算法对于小规模和中等规模的问题能在可接受的时间内求得最优解，但是对于大规模问题无法在可接受的时间内求得最优解。启发式算法虽然能在较短的时间内求得问题的可行解，但是无法保证解的质量。改进蚁群算法对于小规模和中等规模的问题虽然能求得最优解，但比较费时，对于大规模的问题，无法保证解的满意性。量子粒子群算法对于小规模和中等规模的问题能求得最优解，且时间性能也较好，对于大规模的问题也能求得满意解，具有较好的收敛性。

本章的研究在理论上将传统的仅考虑价格属性的逆向组合拍卖胜者确定扩展到考虑非价格属性的逆向组合拍卖胜者确定，同时为采购商应用逆向拍卖选择合作伙伴提供技术和方法支撑。

第6章　最低报价未知且考虑竞标者类型的胜者确定问题研究

本章主要考虑不同类型的供应商参与竞标且价格是私有信息的电子逆向拍卖胜者确定问题，采用双层分布式决策框架，构建基于分配策略和让步策略的逆向拍卖机制，进而确定胜标者。双层决策是多层决策的一个特例，它主要用来分析上下层两个决策者之间按照非合作的、有序的方法进行相互作用的过程。一般而言，上层决策者首先决策，并将决策结果传送给下层。下层决策者根据上层决策模型的决策结果，做出符合自己利益的决策，并将决策结果传送回上层。如此往复，直至达到一个均衡的决策。上层决策者在决策过程中起主导作用，其决策结果直接影响到下层决策者的决策结果。下层决策者在决策过程中是跟随者，只是根据上层决策结果找出符合自己利益的决策。这种决策方式也称为分布式主从决策，一般决策模型如下：

$$\text{UDM：} \quad \begin{aligned} &\min f(x,\ y_0,\ \lambda) \\ &\text{s. t.} \\ &(x,\ y_0\pi) \in \Omega_0 \end{aligned} \qquad (6-1)$$

$$\text{DDM：} \quad \begin{aligned} &\min f(x_0,\ y,\ \rho) \\ &\text{s. t.} \\ &(x_0,\ y,\ \eta) \in \Omega_1 \end{aligned} \qquad (6-2)$$

式中，UDM 的决策变量是 x，y_0 是下层决策者决策完之后传到上层的量；DDM 的决策变量是 y，x_0 是上层决策者决策完之后传下来的量。显然，双层分布式决策的关键在于上下层选择什么样的策略能使最终结果达到一个合理均衡解。

6.1　问　题　描　述

在电子逆向拍卖中，采购方要采购 M 个产品，有 N 个供应商参与竞标。每个竞标者都有各自的供应上限，且不能满足采购需求。竞标商的单位成本随着供应量的变化而改变，且为私有信息。胜标者与采购方发生交易时，会产生一个交易成本。为此，采购方需要设计分配策略和拍卖流程，使总成本最小。竞标者需要在给定机制下设计让步策略，使收益最高。显然，这是一个典型的双层分布式主从决策问题。采购方作为 UDM，在整个决策中起主导作用，具有先动优势；竞标者作为 DDM，是跟随者。为此，本章设计了基于拍卖方分配策略和竞标者让步策略的双层逆向拍卖机制，为采购商确定胜标者提供科学的决策依据。

本节的符号定义如下：

x_i^t：上层二进制决策变量，表示第 t 轮协商是否选择第 i 个供应商。若选，则为 1，否则为 0；

q_i^t：上层整数决策变量，表示第 t 轮协商分配给第 i 个供应商的量；

p_i^t：下层决策变量，表示第 i 个供应商在获得第 t 轮的分配量之后，进行重新投标的报价；

k_i：采购方与第 i 个投标商发生交易时的交易成本；

$C_i(q_i^t)$：表示第 i 个供应商，在第 t 轮逆向拍卖中，获得分配量 q_i^t 时，产品的单位成本；

Q_i^{max}：第 i 个供应商能够提供的最大供应量；

α：表示供应商本轮报价与上轮报价相比的降价百分比；

β：表示每个供应商基于成本的最低盈利百分比；

M：采购方的需求；

N：参与拍卖的供应商的个数。

6.2　基于分配策略和让步策略的双层逆向拍卖胜者确定机制

为了最小化采购成本，本节设计了基于拍卖方分配策略和竞标者让步策略的双层逆向拍卖机制，用于确定胜标者，具体过程如下。

6.2.1　下层供应商的让步策略

由于下层供应商的目标是能够获胜且盈利，为此需要设计下层供应商的投标策略。当接收到上层采购商传递的分配量时，下层供应商的让步策略是一个关键问题。下面给出供应商的一种让步策略。

第一次的报价为成本的 ω 倍（本节假设 $\omega = 1.5$）。

第 t 次投标价格（$t > 1$）：每次获得分配量之后，供应商按如下公式计算：

$$p_i^t = \max\{\alpha p_i^{t-1}, \ (1+\beta)C_i(q_i^t)\} \tag{6-3}$$

计算完成之后，并不是以这个价格直接投标的，具体投标方案如下：

（1）若 $q_i^t > q_i^{t-1}$，即获得量增加的情况下：

若 $p_i^t \geqslant p_i^{t-1}$，则按照 p_i^t 进行投标；

若 $p_i^t < p_i^{t-1}$，则以 δ_1 的概率按 p_i^t 进行投标，以 $1 - \delta_1$ 的概率按 p_i^{t-1} 进行投标。

（2）若 $q_i^t \leqslant q_i^{t-1}$，即获得量减少或不变的情况下：

若 $p_i^t \geqslant p_i^{t-1}$，则按照 p_i^t 进行投标；

若 $p_i^t < p_i^{t-1}$，则以 δ_2 的概率按 p_i^t 进行投标，以 $1 - \delta_2$ 的概率按 p_i^{t-1} 进行投标。

由式（6-3）可知，供应商下一轮的报价由两部分决定，即上一次的报价和本轮分配量对应的成本。在保证最低盈利值的基础之上，价格降低为上一轮的 α 倍；若无法保证最低盈利值，则按照最低盈利值进行投标。具体而言，若 $p_i^t \geqslant p_i^{t-1}$，即计算出本轮的报价高于上一轮的报价，则按照 p_i^t 进行投标，此时 $p_i^t = (1+\beta)C_i(q_i^t)$。若 $p_i^t < p_i^{t-1}$，即计算出本轮的报价低于上一轮的报价，

则按让步策略进行报价：（1）当本轮的分配量增加了，供应商的降价意愿较弱，取降价概率为 $\delta_1 = 0.2$；（2）当本轮的分配量不变或减少，供应商的降价意愿较强，取降价概率为 $\delta_2 = 0.8$。

6.2.2　上层采购方的分配策略

为了降低拍卖方的采购成本，设计分配策略如下：

$$\min \quad \sum_{i=1}^{n} (p_i^{t-1} q_i^t + x_i^t k_i) \tag{6-4}$$

s. t.

$$q_i^t \leqslant x_i^t Q_i^{\max}, \quad i = 1, 2, \cdots, n \tag{6-5}$$

$$\sum_{i=1}^{n} q_i^t = M \tag{6-6}$$

$$x_i \in \{0, 1\} \tag{6-7}$$

$$q_i \text{ 为整数} \tag{6-8}$$

式（6-4）是在第 t 轮分配中，最小化总成本，包括产品的购买成本和交易成本。式（6-5）是供应商的能力约束。式（6-6）是采购商的需求约束。式（6-7）、式（6-8）是决策变量的类型。由于模型中的决策变量为整数，无法用普通的单纯形法进行求解，当供应商的个数 n 足够大时，会产生组合爆炸的问题，故而设计启发式算法对模型进行求解。

6.2.3　上层模型的启发式算法设计

供应商在报价为 p_i 时，由于获得的分配量不同而产生不同的近似单位产品价格，即：

$$\underline{P}_i(q_i) = p_i + k_i / q_i \tag{6-9}$$

式中，$\underline{P}$ 表示供应商的分配量从 1 变到 $Q_i^{\max}$ 时的近似平均单位产品价格矩阵。

根据问题特征，设计"最低近似单位产品价格优先"启发式算法，具体如下。

步骤 1：读取供应商的报价矩阵 P。

步骤 2：对于每一个供应商，当分配量从 1 变化到 Q_i^{max} 时，按式（6 - 9）计算该供应商的近似平均单位价格矩阵 $\underline{P}$。

步骤 3：对 $\underline{P}$ 按行、列进行搜索，找出最低值对应的供应商和分配量，存放起来，并且将矩阵 $\underline{P}$ 中该商家对应的元素置为无穷大。

步骤 4：计算前 t 次分配量的加和 S_t，若 $S_t < M$，则跳转到步骤 3；若 $S_t > M$，则跳转到步骤 5。若 $S_t = M$，则终止。

步骤 5：计算 $M - S_{t-1}$，从矩阵 $\underline{P}$ 的第 $M - S_{t-1}$ 行找出最小值，该最小值对应的供应商为胜标者，分配量为 $M - S_{t-1}$，算法终止。

显然，基于上述模型和启发算法，能够找到考虑竞标者类型的胜者确定问题的一个满意解，即能够使采购商找到满足需求的最好供应商和相应的最优分配量。但由于供应商获得的分配量与报价也不同，所以单纯的一次计算是没有意义的。只有经过多次循环且达到稳定状态，该模型和算法才有意义。

6.2.4　双层机制的实现流程

不失一般性，假设双层机制的终止条件为连续 5 次总的采购成本不变或达到最大协商次数。依据下层竞标者的让步策略和上层采购方的分配策略，可以获得双层机制的流程（如图 6 - 1 所示）。

上述流程图的具体说明如下。

步骤 1：拍卖开始，上层拍购商先给每一个下层投标商分配相同的量。

步骤 2：下层供应商按照分配量进行投标，报价为分配量对应成本的 $\omega = 1.5$ 倍。

步骤 3：上层采购方收到下层报价后，依据分配策略获得分配结果 q_1，q_2，$\cdots$，q_n，并传递给下层供应商。

步骤 4：下层供应商收到上层分配量后，依据让步策略重新报价，即 p_1，p_2，$\cdots$，p_n。

步骤 5：上层采购方判断是否满足终止条件。若满足，则转向步骤 6；否则，转向步骤 3。

步骤 6：满足终止条件，协商终止，输出最终结果。

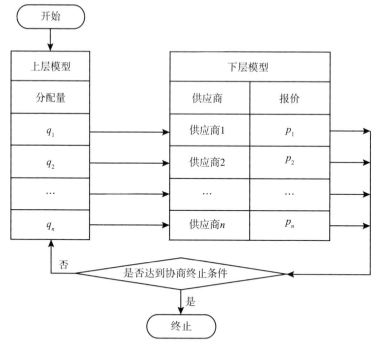

图6-1　基本的双层决策机制流程

6.2.5　数值分析

本小节采用基于分配策略和让步策略的双层逆向拍卖机制，在信息不对称的情形下考虑三种不同场景，即纯分销商、纯生产商和混合型供应商，对附录2中的算例进行求解，并将求解结果与信息对称的情形（见4.4节）进行比较，进而验证所提双层逆向拍卖机制的有效性。

1. 纯分销商数值算例

对于信息不对称的情形，给定 $n = 10$，$M = 2000$，$\alpha = 0.95$，$\beta = 0.2$，$\delta_1 = 0.2$，$\delta_2 = 0.8$，初始分配量 $q_1^0 = q_2^0 = \cdots = q_{10}^0 = 100$，基于上述机制，可得到如图6-2所示的结果。

由图6-2可知，随着拍卖轮数的增加，采购方所花的费用越来越小，最终能够达到一个稳定点。将该结果与集中式决策进行对比，具体分析如表6-1所示。

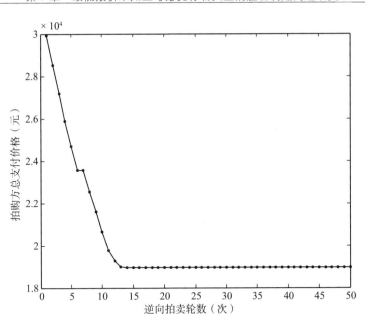

图 6 – 2　纯分销商参与竞标下采购方的总支付价格

表 6 – 1   **10 家分销商两种决策方式结果对比分析**

10 家分销商	信息对称情形			信息不对称情形			
最终合作商家	1	3	4	1	3	9	10
相应的每家交易量	800	500	700	800	700	400	100
总交易金额	17892			18950			

　　由表 6 – 1 可以看出，与信息对称的情形相比，信息不对称情形下采购方的总采购费用增加了。两者之间的差距表明信息是有价值的。

　　为进一步说明该机制的可行性，下面将给出获得分配量的供应商在每一轮竞标中的具体获得量和报价（见图 6 – 3）。

　　根据成本信息可知，4 个获得分配量的竞标者的竞争力由强到弱依次为分销商 1、分销商 3、分销商 9、分销商 10。由图 6 – 3 可知，在 50 轮竞标过程中，分销商 1 报价最低且获得的分配量最多，而分销商 10 报价最高且获得的分配量最少。当所有分销商都到达最低报价时，拍卖达到均衡状态。由此可知，基于分配策略和让步策略的双层逆向拍卖机制具有可行性。降低初始报价或增加降价幅度有利于分销商成为胜标者。

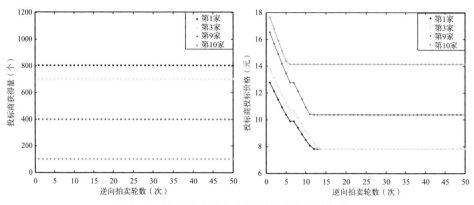

图 6 - 3　纯分销商参与竞标下供应商的竞标情况

2. 纯生产商数值算例

对于信息不对称的情形，给定 $n = 50$，$M = 2000$，$\alpha = 0.95$，$\beta = 0.2$，$\delta_1 = 0.2$，$\delta_2 = 0.8$，初始分配量 $q_1^0 = q_2^0 = \cdots = q_{50}^0 = 100$，基于上述机制，可得到如图 6 - 4 所示的结果。

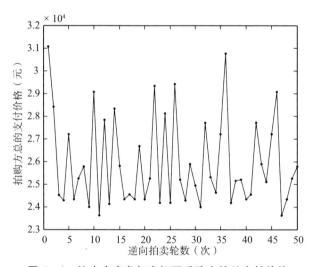

图 6 - 4　纯生产商参与竞标下采购方的总支付价格

由图 6 - 4 可知，纯生产商参与的逆向拍卖无法达到均衡解，这主要是机制本身的设计理念造成的。具体而言，供应商报价越低，则竞争优势越大，分配量也越多。对于纯分销商而言，获得的分配量增加后竞争优势也增加了，故而能够达到均衡解。然而，对于纯生产商而言，获得的分配量增加后，若在其生产能力范围内，则竞争优势增加；若超出其生产能力，则竞争优势减弱了。由此可知，上述基于分配策略和让步策略的双层逆向拍卖机制适用于成本结构递减特征的场景。对于成本结构先降低再增加的情形，需要设计改进的机制。

3. 混合供应商数值算例

对于信息不对称的情形，给定 $n = 60$，$M = 2000$，$\alpha = 0.95$，$\beta = 0.2$，$\delta_1 = 0.2$，$\delta_2 = 0.8$，初始分配量 $q_1^0 = q_2^0 = \cdots = q_{60}^0 = 100$，基于上述机制，可得到如图 6-5 所示的结果。

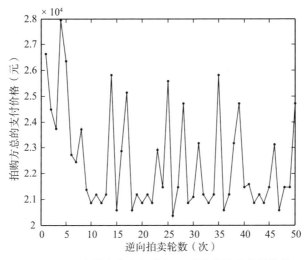

图 6-5　混合供应商参与竞标下采购方的总支付价格

由图 6-5 可知，混合供应商参与的逆向拍卖也无法达到均衡解，原因与纯生产商参与竞标的情形类似，这里不再赘述。

6.3　改进的基于分配策略和让步策略的双层逆向拍卖胜者确定机制

对于供应商的成本结构具有先降低后增加的特征，本节提出改进的基于分配策略和让步策略的双层逆向拍卖机制，用于确定胜标者。下层供应商的让步策略与 6.2 节一致，下面主要介绍改进的上层采购方的分配策略和相应的流程。

6.3.1　改进的上层采购方的分配策略

由于生产商的成本结构具有先降低后增加的特征，当分配量足够大时，供应商的竞争优势反而会下降。为此，本小节提出改进的上层采购方的分配策略，具体如下：

（1）供应商的报价降低，表明竞争优势较强，则可以增加分配量；

（2）供应商的报价升高，表明分配量超过了生产商的正常能力，则需要对其给予最大分配量限制。

故而，改进后的上层分配模型中 Q_i^{max} 不再是常数，而是随着供应商的提价情况发生改变，即：

$$Q_i^{max}(t) = Q_i^{max}(t-1) - y_i R, \quad y_i = \begin{cases} 1, & p_i^{t-1} > p_i^{t-2} \\ 0, & 其他 \end{cases} \quad (6-10)$$

式中，R 表示限量的程度。对于改进后的模型，本章 6.2.3 小节所述的算法仍然适用，这里不再赘述。

6.3.2　改进的双层机制的实现流程

对于整体机制来讲，改进后的机制只是多了一步计算最大分配量的过程，具体流程如图 6-6 所示。

6.3.3　数值分析

由于改进的基于分配策略和让步策略的双层逆向拍卖机制对纯分销商的情形没有影响，本小节主要考虑两种不同场景，即纯生产商和混合型供应商。对于附录 2 中的算例进行求解，并将求解结果与信息对称的情形（见 4.4 节）进行比较，进而验证所提双层逆向拍卖机制的有效性。

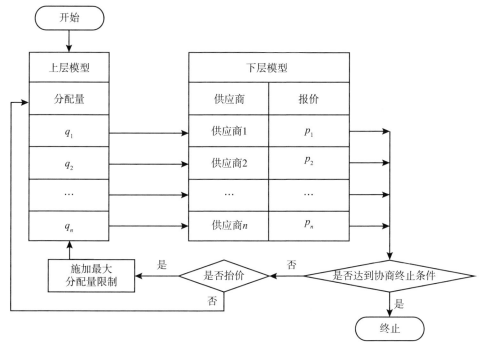

图 6 - 6 改进的双层决策机制流程

1. 纯生产商数值算例

对于信息不对称的情形，给定 $n = 50$，$M = 2000$，$\alpha = 0.95$，$\beta = 0.2$，$\delta_1 = 0.2$，$\delta_2 = 0.8$，初始分配量 $q_1^0 = q_2^0 = \cdots = q_{50}^0 = 100$，基于上述机制，可得到如图 6 - 7 所示的结果。

由图 6 - 7 可知，带限量策略的双层机制能够让逆向拍卖达到均衡解，验证了改进的基于分配策略和让步策略的双层逆向拍卖机制的有效性和可行性。分析该机制的收敛原因，可将整个竞标过程近似地分为以下三个阶段：

第一阶段：所有供应商整体降价，直到不能再降为止。与此同时，部分生产商因获得的分配量超过其正常生产能力而提价，则会被踢出选择范围或被限制分配量。

第二阶段：开始具有价格优势但后期的高价被初始价格优势所隐藏的生产商，由于后期无法继续降价被其他降价生产商踢出，进而被限量。类似地，通过这种竞争方式获得分配量的生产商，若后期价格高，也会被后续其他初始低价的供应商踢出，进而被限量。以此类推，直到基本上所有获得分配量的生产商都是后期优势强化型的供应商。显然，前两阶段是主要的限量阶段。

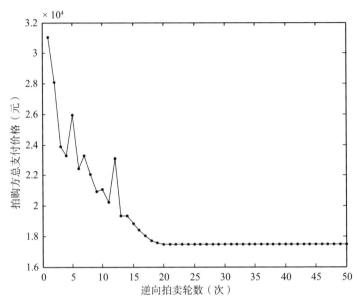

图 6 – 7　纯生产商参与竞标下采购方的总支付价格

第三阶段：获得分配量的生产商之间可能没有竞争而直接终止，也可能生产商之间发生一些局部范围内小的竞争之后而终止。

上述分析是对该机制下整个变化过程以及机制收敛性的论述。给定改进的双层拍卖机制，生产商要想赢得拍卖，就要有较低的初始价格，只有初始价格比较低的生产商才有机会去获得分配量。另一个关键因素就是生产商超出正常能力的生产成本，这将关系到供应商后期能否保持住先前的分配量。总之，初始成本是生产商获得供应权的门槛，超出正常能力的生产成本是生产商保持分配量的决定因素。

将生产商信息对称下的结果和信息不对称下的结果进行对比，结果如表 6 – 2所示。

由表 6 – 2 可知，信息不对称下采购方的总交易费用高于信息对称的情形，这也体现了信息的价值。接下来，对改进的双层拍卖机制中的参数进行敏感性分析，包括初始分配量、限量值大小以及供应商的降价行为。

表 6 - 2　　　　　　　**50 家生产商两种决策方式结果对比分析**

50 家生产商	信息对称场景						信息不对称场景				
最终胜标供应商	2	12	22	24	32	39	12	22	29	32	39
对应的交易量	400	400	200	400	300	300	600	500	200	400	300
总交易金额	16020						17458				

给定初始分配量 $q^0 \in \{100,\ 200,\ 300,\ 400,\ 500,\ 600,\ 700,\ 800\}$，对改进的双层拍卖进行仿真分析，结果如表 6 - 3 所示。

表 6 - 3　　　　　　　　**不同初始分配量下机制运行结果**

初始分配量	总支付价钱	达稳定状态循环次数	胜标者
100	17458	19	12, 22, 29, 32, 39
200	17458	10	12, 22, 2932, 39
300	17458	22	9, 12, 22, 32, 39
400	17458	28	9, 12, 22, 32, 39
500	18240	12	2, 12, 22, 44
600	17180	24	2, 12, 22, 32
700	17040	29	2, 12, 22, 32, 39
800	17970	10	12, 20, 22, 32

由表 6 - 3 可知，当初始分配量变化时，总支付价格、达到稳定状态所需的循环次数和获胜供应商都是不同的。若初始分配量不同，每个供应商的初始报价也不同，则供应商获得优先供应的机会就不同，最终分配结果也不一样。但是，对比不同初始分配量下采购商的总支付费用，可以发现结果是相差不大。这是由于初始分配只是引发该机制运行的一个条件，各个供应商在初始分配量之下完成投标，之后进行限量和分配。此后过程中，没有获得量的供应商的降价底线仍然是供应量为 0 ~ 100 的底线。所以不同情况下，最终结果相差不大。因此，初始量的设置对机制的影响不大。

给定限量值 $R \in \{50,\ 100,\ 150,\ 200,\ 300,\ 400\}$，对改进的双层拍卖进行仿真分析，结果如表 6 - 4 所示。

表6-4　　　　　　　　　　不同限量值下机制运行结果

限量值	总支付费用	达稳定状态循环次数	胜标者
50	17358	30	12, 22, 32, 39, 40
100	17458	19	12, 22, 29, 32, 39
150	18540	21	9, 12, 22, 29, 32, 39
200	17478	22	9, 12, 22, 29, 32, 39
300	17748	22	2, 9, 12, 22, 32, 39, 40
400	18808	20	2, 7, 9, 12, 22, 29, 39

由表6-4可知，当限定量不同时，最终结果没有明显的变化规律，但限量策略可以降低采购成本。当限定量较小时，达到稳定状态所需的循环次数相对较多。限量策略的目的是通过限制分配量，使得生产商能够以正常的生产能力为采购商提供产品，从而降低拍卖方的购买成本。理论上，若能通过限量策略将生产商成本结构中的最低成本限制出来，则该限量策略最好。但实际中，不同的生产商的最低成本通常是不同且未知的。因此，对于不同的限量，最终结果没有明显的变化。

在实际使用中，限量值选取的好坏会影响改进机制的最终效果。为了提高采购效率，给出如下限量值选取建议。第一，需要权衡限量值的大小与收敛速度的关系。若限量值太小，则会影响收敛速度；若限量值太大，则会使采购成本较高。第二，虽然供应商的成本结构不同且未知，但若能收集竞标者的信息，为每个供应商单独设置限量值，则可以降低拍卖方的采购成本。

给定降价百分比 $\alpha \in \{0.5, 0.65, 0.75, 0.85, 0.95\}$，降价概率 $\delta_1 \in \{0.1, 0.2, 0.4\}$、$\delta_2 \in \{0.6, 0.8, 0.9\}$，对改进的双层拍卖进行仿真分析，结果如表6-5所示。

表6-5　　　　　　　不同 α，δ_1，δ_2 下改进机制运行结果

α	δ_1	δ_2	达稳定状态循环次数	总支付费用
0.95	0.2	0.8	20	17458
	0.1	0.6	24	17458
	0.4	0.9	18	17458

α	δ_1	δ_2	达稳定状态循环次数	总支付费用
	0.2	0.8	9	17358
0.85	0.1	0.6	11	17358
	0.4	0.9	7	17358
	0.2	0.8	7	17458
0.75	0.1	0.6	10	17458
	0.4	0.9	7	17458
	0.2	0.8	7	16618
0.65	0.1	0.6	8	16618
	0.4	0.9	7	16618
	0.2	0.8	6	17458
0.5	0.1	0.6	6	17458
	0.4	0.9	6	17458

　　由表 6-5 可知，在不同的降价百分比、降价概率下，总支付费用和达到稳定状态所需的循环次数都是不同的。在同一降价百分比下，降价概率不同，达到稳定状态所需的循环次数不同，但总支付费用相同；表明改进的拍卖机制对于降价概率有一定的鲁棒性。供应商的降价概率越大，逆向拍卖达到稳定所需要的循环次数就越少；即供应商越配合，竞价结束的就越快。不同的降价幅度对最终结果也会造成影响，但由于降价幅度和供应商的成本有关，而采购方却无法控制降价幅度的大小，也不易研究降价幅度大小和最终采购费用的关系。但对于供应商而言，降价幅度越大，获得分配量的机会越大。

　　2. 混合供应商数值算例

　　对于信息不对称的情形，给定 $n=60$，$M=2000$，$\alpha=0.95$，$\beta=0.2$，$\delta_1=0.2$，$\delta_2=0.8$，初始分配量 $q_1^0=q_2^0=\cdots=q_{60}^0=100$，$R=100$，基于上述机制，可得到如图 6-8 所示的结果。

　　由图 6-8 可以看出，改进的双层拍卖机制也适合混合型供应商，最终能够达到均衡解。下面对信息对称下的结果和信息不对称下的结果进行对比，结果如表 6-6 所示。

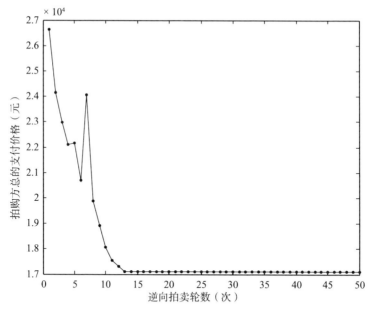

图 6 - 8　前 50 轮投标采购方总的支付价格变化曲线

表 6 - 6　　　　　　　　60 家混合供应商两种决策方式下结果对比分析

60 家混合供应商	信息对称场景						信息不对称场景			
最终合作商家	2	12	22	24	32	39	12	22	39	51
相应的每家交易量	400	400	200	400	300	300	600	500	100	800
总交易金额	16020						17090			

由表 6 - 6 可知，信息对称下，胜标者为生产商 2、生产商 12、生产商 22、生产商 24、生产商 32、生产商 39。信息不对称下，胜标者为生产商 12、生产商 22、生产商 39、分销商 1。虽然在信息对称情形下，分销商的优势弱于生产商，但是在信息不对称情形下，分销商也有胜标的机会。这是由于分销商的初始报价比较低，而且后期成本也越来越低，这种成本结构使得分销商也能够成为胜标者。带有限量策略的改进的双层拍卖机制能够吸引更多弱势的分销商参与竞标，只要他们愿意降价就会有胜标的机会。对于该混合型供应商参与竞标的情形，参数分析和结论分析都与纯生产商的情形类似，不再赘述。

3. 两种双层机制的对比分析

上述两种机制的主要区别就在于是否有限量政策：基本机制不限量，而改进机制限量。在逆向拍卖机制设计中，限量策略是基于生产商的成本结构特征提出来的，限量的目的就是限制生产商的过能力生产，从而达到降低拍卖方采购成本的目的。也就是说两种机制的本质区别在设计理念上。第一种机制的设计理念是：成本越低的供应商的竞争优势越强，报价越低获得的分配量也越多。第二种机制的设计理念是：对于过能力生产的供应商，给出一定的限量约束，让供应商脱离过能力生产状态。由于参与竞标的供应商的成本结构不同，本章设计了这两种拍卖机制。

6.4　本章小结

本章主要对成本信息未知下考虑竞争者类型的电子逆向拍卖胜者确定机制设计问题进行研究。对于三种不同类型的供应商，在分布式决策框架下，设计了基于分配策略和让步策略的双层逆向拍卖胜者确定机制。通过数值实验和理论分析，找出上述双层拍卖机制存在的问题。针对竞标者的成本结构特征，在上述研究的基础上引入限量策略，设计了改进的基于分配策略和让步策略的双层逆向拍卖机制。通过数值实验和理论分析，验证了改进的双层拍卖机制的可行性和可用性。最后，本章给出了不同参数下，双层逆向拍卖机制能够达到的效果，并给出电子逆向拍卖胜者确定机制设计的一些建议。

本章的研究在理论上将传统的信息不对称下的逆向拍卖胜者确定扩展到考虑竞标者类型特征的逆向拍卖胜者确定，为采购商选择合作伙伴提供科学的决策依据和决策支持。

第7章　最低报价未知且采购方决策
交货期的胜者确定问题研究

　　本章主要考虑供应商完全听从上层采购商对交货期的引导但价格和交货期是私有信息的两属性电子逆向拍卖胜者确定问题。事实上，在现实的采购活动中，供应商通常拥有更多的私人信息，如成本、质量、交货期等。为更好地描述客观事实，本章描述了电子逆向拍卖环境中采购商和供应商在信息不对称情况的决策过程，建立了考虑数量和交货期折扣的两属性上层决策模型和基于最低报价结构进行报价的下层决策模型。由于下层供应商存在私有信息，采购商无法直接对供应商进行优化，因此提出采用协商理论解决最低报价未知且上层采购方决策交货期的胜者确定问题。针对交货期和采购费用与采购商期望目标的偏差，提出三个引导策略，并通过数值仿真和对比分析验证了所提策略的可行性和有效性。

　　具体而言，本章采用的是双层决策机制，上层描述了拍卖方的决策，下层描述了参与竞标的供应商的决策。由于上层采购方在拍卖过程处于主导地位，先由上层拍卖方向下层供应商传递一个决策结果。下层供应商根据上层传递的信息，做出符合自己利益的决策，并将决策结果传递给上层采购商。以此类推，上层采购商将根据下层传递的信息，再一次做出符合自己利益的决策，并将决策结果传递给下层。上下两层往复进行决策，相互影响，最终达到一个均衡的结果。双层机制交互过程如图7-1所示。

　　信息不对称情景下，在采购方主导的带有折扣的两属性逆向拍卖胜者确定问题中，供应商的最低报价是私有信息，且采购商主要考虑价格和交货期两个属性。首先，采购商将采购量和交货期传递给下层供应商。其次，供应商根据下层模型决策最优报价，并传递给采购商。接着，采购商将通过上层模型决策新的分配量和交货期。以此类推，拍卖双方这样往复不断的决策，直到上层采购商满意为止。

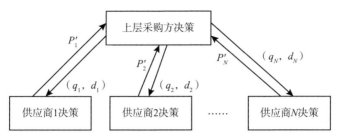

图 7 - 1　两属性电子逆向拍卖胜者确定双层决策基本过程

7.1　问 题 描 述

本章所研究的问题是信息不对称下带有折扣的两属性逆向拍卖胜者确定问题。具体地，一个采购方欲购买大量的同一类商品 Q 个。该商品由 N 家供应商来参与竞标，且每一家供应商都不能单独满足该采购方的需求，即每家供应商都有一个最大供应量的限制 $Q_i^{\max}$。当与某一家供应商发生交易时，采购方都会支付一个交易成本 T_i。对于采购方而言，期望采购成本越小越好、供应商提供商品的交货期越小越好。因此，采购方想要达到的目标也就是如何来权衡价格和交货期两个属性来进行采购。

对于供应商而言，其成本结构具有两个特征：带有一定的数量折扣和交货期折扣。同时，供应商为保证盈利都有一个最低报价，且最低报价也具有与成本结构相同的特征。不失一般性，每家供应商都想获得更多的利润，故开始报价的时候都不愿意直接报出最低价，且最低报价为供应商的私有信息。随着逆向拍卖的进行，每家供应商在保证自己最低利益的前提下，会对采购方做出价格上的让步，进而获得订货量。本章所用的符号说明如下：

t：拍卖轮次；

x_i^t：第 t 轮，上层采购方的 0、1 决策变量，如果供应商 i 被选中，那么 $x_i^t = 1$；否则，$x_i^t = 0$；

q_i^t：第 t 轮，上层整数决策变量，表示分配给供应商 i 的采购数量；

d_i^t：第 t 轮，上层整数决策变量，表示采购商决策的交货期；

D_i：供应商 i 的交货期值域，即，上层采购方在决策时需满足 $d_i^t \in D_i$；

$P_i'(t)$：第 t 轮，下层的决策变量，供应商 i 的投标价格；

c_0：采购方期望的总成本目标值；

$c_0^+(t)$：第 t 轮，实际采购总成本与目标总成本的偏差量；

d_0：采购方在采购前期望的交货时间；

$d_{0i}^+(t)$：第 t 轮，供应商 i 的实际交货期与目标交货期的偏差量；

$P_i(q_i^t, d_i^t)$：第 t 轮，供应商 i 在上层分配量 q_i^t 和引导的交货期 d_i^t 时，每个商品的最低报价；

T_i：供应商 i 的交易费用；

Q：采购方的总采购量；

Q_i^{max}：供应商 i 能够提供该商品的最大供应量；

w_c：成本偏差率的权重系数；

w_d：交货期偏差率的权重系数；

α：本轮供应商基于上一轮投标价格的降价系数；

S_i^t：第 t 轮上层采购方确定引导交货期方向的信号。

7.2　基于交货期偏差引导的双层机制设计

7.2.1　双层机制的启动设置

采购商是基于交货期偏差引导的双层机制的主导者。首先由上层采购方向下层每家供应商传递两个启动量，包括采购数量 q 和交货期 d。为使得分配具有公平性，对每家供应商传递的两个启动量分别保持相同，具体如下：

$$q_1^0 = q_2^0 = q_3^0 = \cdots = q_N^0 = q, \quad d_1^0 = d_2^0 = d_3^0 = \cdots = d_N^0 = d$$

下层每家供应商则根据这两个量向上层采购方递交自己的报价。首先，每家供应商根据上层采购方分配的订购量和指定的交货期，找出对应的最低报价，然后以最低报价的 ω 倍进行投标，即 $P_i'(0) = \omega P_i(q_i^0, d_i^0)$。

此后（当 $t \geq 1$ 时），拍卖方和供应商之间按如下规则进行交替往复的决策。

7.2.2　基于交货期偏差的上层分配与引导策略

上层拍卖方向下层每家供应商传递的信息有两个：每一轮的分配数量和每

一轮对下层供应商的交货期引导。

1. 上层的分配策略

当每家供应商向采购方递交报价的信息时，采购方的目标是选择合适的胜标者，使采购商的总成本偏差率和交货期平均偏差率加权之和最小。当供应商最低报价信息已知时，采购方是在所有的价格和交货期组合中确定一个最优分配方案。而当供应商最低报价未知时，采购方需要根据每家供应商提供的一组数据，来确定每一轮的最优分配结果。尤其需要注意，由于采购方处于主导地位，交货期变量是在上层引导策略中确定的。故而，上层分配模型中，不再对交货期进行决策，而是由上层引导策略给出的。具体的上层分配模型如下：

$$\min w_c \frac{c_0^+(t)}{c_0} + w_d \frac{\sum_{i=1}^{n} \frac{d_{0i}^+(t)}{d_0}}{\sum_{i=1}^{n} x_i^t} \tag{7-1}$$

s. t.

$$\sum_{i=1}^{N} q_i^t = Q \tag{7-2}$$

$$q_i^t \leqslant x_i^t Q_i^{\max}, \quad \forall i \tag{7-3}$$

$$x_i^t \leqslant q_i^t, \quad \forall i \tag{7-4}$$

$$\sum_{i=1}^{N} \left[q_i^t P'_i(t-1) + x_i^t T_i \right] - c_0^+(t) \leqslant c_0 \tag{7-5}$$

$$x_i d_i^{t-1} - d_{0i}^+(t) \leqslant d_0, \quad \forall i \tag{7-6}$$

$$x_i^t \in \{0, 1\}, \quad \forall i \tag{7-7}$$

$$q_i^t, \ d_{0i}^+(t) \geqslant 0 \text{ 且为整数}, \quad \forall i \tag{7-8}$$

$$c_0^+(t) \geqslant 0 \tag{7-9}$$

式（7-1）表示第 t 轮的上层目标函数，使得从被选中的供应商那里进行采购，总成本偏差率和交货期平均偏差率加权之和最小。式（7-2）表示第 t 轮，每家供应商的分配量之和等于拍卖方的总需求量。式（7-3）表示第 t 轮，对供应商 i 分配的采购量不能超过其最大的供应量。式（7-4）表示第 t 轮，如果没有分配给供应商 i 采购量，则不选择该供应商；如果供应商 i 被选中了，那么该供应商就必须获得采购量。式（7-5）表示第 t 轮，实际的总采购成本与采购方期望的总采购成本的偏差约束。式（7-6）表示第 t 轮，被选中供应商对应的交货期与采购方的期望交货期的偏差约束。式（7-7）是0、1决策变量约束，表示第 t 轮是否选择供应商；如果供应商 i 被选中，那么 $x_i =$ 1，否则，$x_i = 0$。式（7-8）是整数决策变量，分别表示第 t 轮，分配给供应商 i 的采购量和供应商 i 的交货期偏差量。式（7-9）表示第 t 轮，总采购成本的正偏差是大于等于零的变量。

2. 上层分配策略的算法设计

为了获得每一轮的最优分配结果，本节采用枚举算法对上层模型进行求解。算法设计的具体步骤如下：

步骤1：产生一组满足采购方的总采购量，且不超过所选供应商的最大供应量的分配数量；

步骤2：根据每家供应商的报价和上层决策的交货期，计算出此时的最小目标值；

步骤3：对比目标值，保存最优分配情况；

步骤4：判断是否枚举完所有分配采购数量情况，若枚举完，则输出最优结果，算法计算结束；否则，跳转到步骤1。

上层分配策略的算法流程如图7-2所示。

3. 基于交货期偏差的上层引导策略

基于交货期偏差的上层引导策略的基本思想是，根据实际交货期与期望的交货期是否存在正偏差，对下层供应商重新做出相应的引导：

（1）如果 $d_i^{t-1} - d_0 > 0$，那么 $S_i^t = -1$，即，第 t 轮，减小下层供应商 i 的交货期；

（2）如果 $d_i^{t-1} - d_0 \leqslant 0$，那么 $S_i^t = +1$，即，第 t 轮，延长下层供应商 i 的交货期。

那么，第 t 轮上层采购方对下层供应商的交货期引导的计算公式为：

$$d_i^t = d_i^{t-1} + S_i^t \qquad (7-10)$$

若 $d_i^t \notin D_i$ 或 $d_i^t < d_0$，则 $d_i^t = d_i^{t-1}$。

如果上一轮供应商的交货期与采购方期望的交货期没有正偏差，为了寻找到更低的价格，那么采购方将延长供应商交货期。如果上一轮供应商的交货期与采购方期望的交货期有正偏差，为了使这一偏差值越来越小，那么采购方将减小供应商交货期。

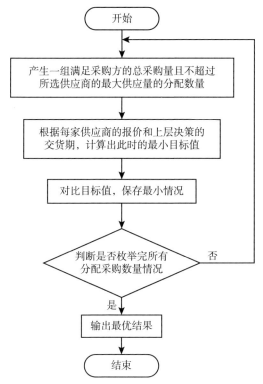

图 7 - 2　上层分配策略的枚举算法流程

7.2.3　下层让步策略

下层供应商的目的是赢得上层采购方的采购量，并且获得正的利润。为了达到目的，下层供应商需要降低投标价格，并将决策结果传递给上层采购方。第 t 轮，供应商 i 的报价策略的计算公式为：

$$P_i'(t) = \max\{\alpha P_i'(t-1),\ P_i'(q_i^t,\ d_i^t)\} \qquad (7-11)$$

经式（7-11）计算后的报价，还要根据后面具体的报价策略来确定最终的报价。对上轮降低后的价格 $\alpha P_i'(t-1)$ 和最低报价 $P_i'(q_i^t,\ d_i^t)$ 取最大值的原因就是每家供应商都要保证自己的最低利润。如果供应商进行降价，低于自己的最低报价，那么就按最低报价进行投标。

供应商具体的让步策略分两种情况。

情况 1　当 $q_i^t > q_i^{t-1}$ 或 $q_i^t = Q_i^{\max}$ 时，供应商的报价为：

（1）如果 $P_i'(t) \geqslant P_i'(t-1)$，则供应商 i 按 $P_i'(t)$ 报价；

（2）如果 $P'_i(t) < P'_i(t-1)$，则以概率 λ_1 按 $P'_i(t)$ 报价，以概率 $1-\lambda_1$ 按 $P'_i(t) = P'_i(t-1)$ 报价。

情况 2 当 $q_i^t \leqslant q_i^{t-1}$ 且 $q_i^t \neq Q_i^{\max}$ 时，供应商的报价为：

（1）如果 $P'_i(t) \geqslant P'_i(t-1)$，则供应商 i 按 $P'_i(t)$ 报价；

（2）如果 $P'_i(t) < P'_i(t-1)$，则以概率 λ_2 按 $P'_i(t)$ 报价，以概率 $1-\lambda_2$ 按 $P'_i(t) = P'_i(t-1)$ 报价。

根据不同的情况，分别对概率进行设置：

在情况 1 下，供应商 i 在本轮获得的订购量高于上一轮、或订购量保持不变但达到最大供应量，则供应商 i 认为自己上一轮投标的价格 $P'_i(t-1)$ 具有一定的竞争力。因此，该供应商降价的概率就比较小，此时概率设置为 $\lambda_1 = 0.3$。

在情况 2 下，供应商 i 在本轮获得的订购量低于上一轮或者订购量保持不变且没有达到最大供应量，则供应商 i 认为自己在上一轮投标的价格 $P'_i(t-1)$ 没有竞争力或竞争力不足。因此，该供应商降价的概率就比较大，此时概率设置为 $\lambda_2 = 0.7$。

7.2.4　供应商评价准则

式（7-1）所求得的最小值表示第 t 轮上层采购商的一个采购数量的分配策略，进而引起下层供应商之间的竞争。每一轮协商真实的目标值，是由下层供应商重新报价后，使用上层分配策略和引导策略的计算结果。也就是说，真实的目标值是在每一轮协商完成之后计算出来的。

当第 t 轮拍卖完毕，式（7-5）和式（7-6）中的 $P'_i(t-1)$ 和 d_i^{t-1} 分别由下层供应商重新投标为 $P'_i(t)$ 和上层对交货期重新确定为 d_i^t。此时，除了 $c_0^+(t)$ 和 $d_{0i}^+(t)$ 为变量以外，其余的变量都已经成为确定的常量。所以，只要确定 $c_0^+(t)$ 和 $d_{0i}^+(t)$，就可以求出目标值。为了保证目标值最小，则采购费用偏差和交货期偏差的计算公式如下：

$$c_0^+(t) = \begin{cases} \sum\limits_{i=1}^{N} \left[q_i^t P'_i(t) + x_i^t T_i \right] - c_0 & \text{如果} \sum\limits_{i=1}^{N} \left[q_i^t P'_i(t) + x_i^t T_i \right] - c_0 > 0 \\ 0 & \text{否则} \end{cases}$$

$$(7-12)$$

$$d_{0i}^+(t) = \begin{cases} x_i^t d_i^t - d_0 & \text{如果 } x_i^t d_i^t - d_0 > 0 \\ 0 & \text{否则} \end{cases} \qquad (7-13)$$

由式（7-12）和式（7-13）即可求出第 t 轮投标后的目标值 G^t，具体计算公式如下：

$$G^t = w_c \frac{c_0^+(t)}{c_0} + w_d \frac{\sum\limits_{i=1}^n \dfrac{d_{0i}^+(t)}{d_0}}{\sum\limits_{i=1}^n x_i^t} \qquad (7-14)$$

同时，再引入一个实际交易的目标值 $G_{\min}^t$，该值表示每轮的实际交易情况。当上层采购方对本轮投标结果不满意时，即 $G^t > G_{\min}^{t-1}$，上层采购方宣布本轮投标结果无效，那么本轮的实际交易则按上一轮的交易情况进行交易，即 $G_{\min}^t = G_{\min}^{t-1}$。若采购方对本轮投标结果满意时，即 $G^t \leq G_{\min}^{t-1}$，那么本轮实际交易情况就按当前投标情况进行交易，即 $G_{\min}^t = G^t$。总体而言，交易目标值就是投标过程中出现的历史最小值。

7.2.5　基于交货期偏差引导的双层机制流程

先将"基于交货期偏差的上层引导策略"定义为"策略1"。该策略的基本思路是：上层拍卖方根据供应商的报价，确定一个当前的最优分配方案，并对交货期重新做出引导。下层供应商根据上层采购方的分配数量和交货期引导策略，对报价做出让步。第 t 轮协商后，上层采购方对供应商投标后的目标值 G^t 进行计算，同时与上一轮实际的交易目标值进行比较。若 $G^t > G_{\min}^{t-1}$，则 $G_{\min}^t = G_{\min}^{t-1}$；否则，$G_{\min}^t = G^t$。然后，判断是否达到协商的终止条件。若达到，则协商结束，进行交易；否则，继续进行下一轮拍卖。本节设计的协商终止条件是：连续5轮投标后的目标值不变或达到最大轮数50次。

根据本章所研究的具体问题，设计基于交货期偏差引导的双层机制流程（如图7-3所示）。

基于交货期偏差引导的双层机制的具体步骤如下。

步骤1：拍卖开始，先由上层采购方分配给下层每位供应商一个相同的采购量和一个相同的交货期。若采购商的分配量超出供应商的最大供应能力，则自动按最大供应能力进行分配。

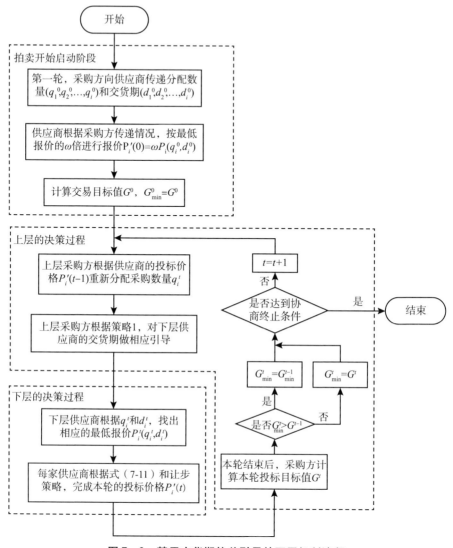

图 7 - 3　基于交货期偏差引导的双层机制流程

步骤 2：下层每位供应商根据上层采购方传递的信息（包括采购量和交货期），确定自己的最低报价 $P_i(q_i^0, d_i^0)$，并按最低报价的 ω 倍进行报价 $P_i'(0) = \omega P_i(q_i^0, d_i^0)$。

步骤 3：根据式（7 - 12）、式（7 - 13）和式（7 - 14）求出 G^0，并赋值给 G_{min}^0。

步骤 4：当上层采购方接收到下层每位供应商递交的报价后，按照上层分配策略重新对采购量进行分配。

步骤 5：采购方根据策略 1，对下层供应商的交货期重新做出引导。

步骤 6：下层供应商根据获得的订购量和上层对交货期的决策，确定自己的最低报价 $P_i(q_i^t, d_i^t)$。

步骤 7：下层供应商根据式（7 – 11）和下层让步策略，完成本轮的投标价格。

步骤 8：本轮竞标结束后，由上层采购方计算出本轮的投标目标值 G^t。

步骤 9：将本轮投标的目标值与上一轮的实际目标值进行比较，若对本轮投标结果满意，即 $G^t \leqslant G_{min}^{t-1}$，则 $G_{min}^t = G^t$；否则，$G_{min}^t = G_{min}^{t-1}$。并记录相应的交易情况。

步骤 10：判断是否满足协商终止条件，如果满足，则协商终止，进行交易；否则，令 $t = t + 1$，并跳转到步骤 4。

7.2.6　数值分析

假设采购方的需求总量 $Q = 1500$，有 $N = 10$ 个供应商参与竞标。采购商的成本预算设置为 $c_0 = 7500$ 元，期望交货时间为 $d_0 = 2$ 天。采购成本和交货期的权重系数分别设置为 $w_c = 0.7$ 和 $w_d = 0.3$，启动量设置为 $q = 200$，$d = 2$。由于供应商的最低报价是其私有信息，为了获得更多利润，每家供应商开始都不以最低价格进行报价。此后，在竞标过程中，供应商均以 $\alpha = 0.9$ 的倍数进行降价，降价概率为 $\lambda_1 = 0.3$，$\lambda_2 = 0.7$。

采用 C++ 语言对基于交货期偏差引导的双层机制进行实现，并将每一轮的投标结果和实际交易结果保存到文件中，由 Excel 绘制出对应的曲线，结果如图 7 – 4 所示。

策略 1 的双层机制在拍卖进行到第 22 轮时获得了最小值，为 0.755627。采购商选择第 1 家、第 2 家和第 3 家供应商作为胜标者，采购量分别为 600、300 和 600，交货期都是 2 天，采购单价分别为 9.56、10.16 和 8.97，对应的交易费用分别是 500、450 和 480，总采购成本为 15596。与采购商完全知道供应商的最低报价相比（详见本书 4.5 节），此时的目标值变大了，供应商、交货期和总成本也都发生了变化。具体原因主要是由于采购方对供应商的最低报价信息未知所造成的，即采购商和供应商之间的信息是不对称的，这也正体现

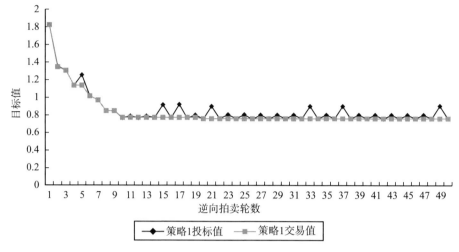

图 7-4　50 轮拍卖策略 1 的目标值变化曲线

了信息的价值。

投标目标值所反映的是每一轮结束后的最小值，由该曲线可以观察出三个特点：一是前几轮连续下降；二是目标值交替反复的变化，且不收敛；三是整体趋势在下降。具体分析如下。

（1）前几轮连续下降的原因是供应商正处于降价阶段，降价可以弥补交货期变化带来的影响。依据策略 1 的双层机制可以知道，拍卖开始时，交货期设置为 2，那么对于投标值曲线的奇数轮为供应商交货期整体增加轮次，偶数轮为交货期整体减小轮次。前 4 轮都在下降，是因为供应商降价幅度足以抵消交货期增加带来的影响，进而在奇数轮的时候没有变大。对于偶数轮，交货期减小，造成供应商最低价上升，但其报价高于最低价，仍处于降价状态，所以偶数轮也是处于下降阶段。

（2）当供应商的降价空间变小之后，目标值交替变化。换言之，当供应商的报价基本接近或者已经达到最低报价的时候，即使存在降价空间也不足以弥补交货期增加带来的影响。此时，在奇数轮的时候，目标值也会变大，进而会出现目标值交替反复的变化。

（3）每一轮拍卖的时候，供应商都可能会以一定的概率进行降价。所以，即使目标值反复交替变化，整体看也会有一个下降的趋势。但是，当目标值降到临近最低报价时，下降趋势就不明显了，也很难判断在哪一轮的目标值相对最好。

（4）观察投标值曲线，可以看出目标值发生反复交替变化的时候，变差的投标值也不是一直不变的。这是因为当交货期增加时，对于供应商而言，最低报价降低了。但是根据下层让步策略，供应商降价是按一定概率进行的。若供应商选择降价，则目标值变差的程度较小；若供应商选择不降价，则目标值变差的程度较大。

显然，拍卖方所要达到的目的就是希望目标值越小越好。由于前 4 轮竞标过程中供应商的报价远高于最低报价，故而供应商每一轮的投标目标值和交易目标值都在下降，且下降幅度完全一致。此后，若供应商的投标值变差了，则交易目标值保持上一轮的交易情况不变。如果投标值好于上一轮的交易情况，则交易目标值为本轮的投标目标值。以此类推，直到满足协商终止条件，最后的交易结果就是投标过程中出现的相对最好情况，但投标目标值在最后协商终止时并不一定是最好的交易情况。

7.3　基于总体目标值引导的双层机制设计

上一节中，上层采购方是从局部进行考虑，进而对下层供应商的交货期进行引导。本小节则从另外一个角度进行考虑，提出一个新的协商策略，即基于总体目标值的引导策略，具体过程如下。

7.3.1　基于总体目标值的上层引导策略

（1）拍卖开始（即 $t=0$ 时），上层采购方为下层供应商设置一个交货期的启动量，即 $d_1^0 = d_2^0 = d_3^0 = \cdots = d_N^0 = d$。

（2）第一轮（当 $t=1$ 时），与策略 1 相同，根据实际交货期与期望的交货期是否存在正偏差，对下层供应商重新做出的相应引导：

如果 $d_i^{t-1} - d_0 > 0$，那么 $S_i^t = -1$，即，第 t 轮，减小下层供应商 i 的交货期；

如果 $d_i^{t-1} - d_0 \leq 0$，那么 $S_i^t = +1$，即，第 t 轮，延长下层供应商 i 的交货期。

上层引导交货期计算公式同式（7 – 10），即 $d_i^t = d_i^{t-1} + S_i^t$。

（3）此后（$t \geqslant 2$），根据总体目标值的变化，对下层供应商做出的相应引导：

如果 $G^{t-1} < G^{t-2}$，则 $S_i^t = S_i^{t-1}$，即继续按上一轮方向引导，目的是希望找到更好的成本和交货期的均衡解；

如果 $G^{t-1} \geqslant G^{t-2}$，则 $S_i^t = -S_i^{t-1}$，即按上一轮反方向引导，这是由于上一轮的引导方向没有找到更好的成本和交货期的均衡解。

同样，根据式（7 – 10），可知上层采购方对下层竞标者引导的交货期为 $d_i^t = d_i^{t-1} + S_i^t$。

对于上述所有的对交货期的引导策略，若 $d_i^t \notin D_i$ 或 $d_i^t < d_0$，则 $d_i^t = d_i^{t-1}$。

7.3.2　数值分析

将"基于总体目标值的上层引导策略"定义为"策略 2"。策略 2 的双层机制设计的基本思想与策略 1 的双层机制基本相同。不同的是从第 2 轮开始，上层采购方在对下层供应商的交货期做引导时，要对前两轮的投标目标值做一个判断，进而确定本轮对下层供应商交货期的引导。

策略 2 的双层机制与策略 1 的双层机制的计算步骤和流程图基本相同。只需将步骤 5 中的"策略 1"对应改成"策略 2"，流程图中的"上层采购方根据策略 1，对下层供应商的交货期做相应引导"，对应改为"上层采购方根据策略 2，对下层供应商的交货期做相应引导"。所以对于策略 2 的具体步骤和流程图，这里不再给出。

采用 C++ 语言对上层引导策略的相应部分做修改，将实验结果放入 Excel 文件里，并绘制出相应的投标目标值和实际交易目标值的曲线（见图 7 – 5）。

策略 2 的双层机制在第 14 轮时达到最小，其目标值为 0.75084，选择的供应商为第 1 家、第 6 家和第 8 家，采购量分别为 600、500 和 400，交货期分别为 3 天、2 天和 2 天，采购单价分别为 7.83、9.71 和 10.59，对应的交易费用为 500、400 和 320，采购成本为 15009。由策略 2 获得的最后目标值仍然没有达到信息完全场景下所求得的目标值，但是目标值略小于策略 1。与策略 1 的结果相比，不同的地方很多，其主要原因是策略本身的不同所造成的。策略 2 搜索交货期的范围要比策略 1 大，会使交货期的变化出现不同的情形。

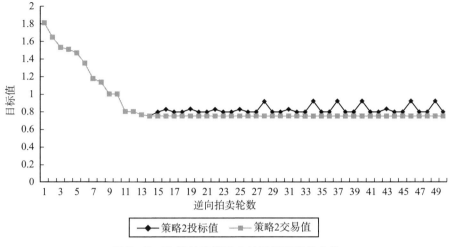

图 7 – 5　50 轮拍卖策略 2 的目标值变化曲线

策略 2 投标值曲线与策略 1 的投标曲线主要不同点是，投标值并不是往复交替的变化，而是保持一轮不变再上升。这是由于当交货期减小到期望值 d_0 时，对比前两轮的目标值是下降过程（即，$G^{t-1} < G^{t-2}$），则引导方向的信号继续向减小交货期的方向引导（即，$S_i^t = S_i^{t-1}$）。但是当引导的交货期低于期望值（即，$d_i^t < d_0$）时，则会有 $d_i^t = d_i^{t-1}$，所以会保持一轮不变。与策略 1 一样，竞标过程中投标值是波动的，也无法保证协商终止时投标值和交易值完全相等。交易目标值的作用是保存竞标过程中最好的投标值。

7.4　基于总体目标值带有随机引导的双层机制设计

上一小节提出的策略，是对整体统一做出的引导，而不是针对每一个供应商单独做引导的。本节仍从总体目标进行考虑，提出一个带有随机的协商引导策略。基本设计理念是，对于本轮胜出的供应商，采购方认为他们提供的价格和交货期的优势较明显，故而对这些供应商的交货期以较小的概率进行重新引导；对于那些没有胜出的供应商，则以较大的概率进行引导。

7.4.1　基于总体目标值带有随机的上层引导策略

（1）拍卖开始（当 $t=0$ 时），上层采购方设置下层供应商的交货期的初始值，即为 $d_1^0 = d_2^0 = d_3^0 = \cdots = d_N^0 = d$。

（2）第一轮（当 $t=1$ 时），与策略1相同，根据实际交货期与希望的交货期是否存在正偏差，对下层供应商重新做出的相应引导：

如果 $d_i^{t-1} - d_0 > 0$，那么 $S_i^t = -1$，即，第 t 轮，减小下层供应商 i 的交货期；

如果 $d_i^{t-1} - d_0 \leqslant 0$，那么 $S_i^t = +1$，即，第 t 轮，延长下层供应商 i 的交货期。

上层引导交货期计算公式同式（7-10），即 $d_i^t = d_i^{t-1} + S_i^t$。

（3）此后（$t \geqslant 2$），根据总体目标值的变化，对下层供应商做出相应的引导：

如果 $G^{t-1} < G^{t-2}$，则 $S_i^t = S_i^{t-1}$，即继续向与上一轮同一方向引导，目的是希望找到更好的成本和交货期的均衡解；

如果 $G^{t-1} \geqslant G^{t-2}$，则 $S_i^t = -S_i^{t-1}$，即向与上一轮的反方向引导，原因是上一轮的引导方向没有找到更好的成本和交货期的均衡解。

当确定好引导方向后，上层采购方根据下层供应商的不同情况，设计了不同的引导策略。

情况1　当 $q_i^t > q_i^{t-1}$ 或 $q_i^t = Q_i^{\max}$ 时：

以较大概率 γ_1 保持交货期不变，即 $d_i^t = d_i^{t-1}$；

以较小概率 $1-\gamma_1$ 改变引导交货期，即以较大概率 ν_1 将交货期设置为 $d_i^t = d_i^{t-1} + S_i^t$，以较小概率 $1-\nu_1$ 将交货期设置为 $d_i^t = d_i^{t-1} - S_i^t$。

情况2　当 $q_i^t \leqslant q_i^{t-1}$ 且 $q_i^t \neq Q_i^{\max}$ 时：

以较小概率 γ_2 保持交货期不变，即 $d_i^t = d_i^{t-1}$；

以较大概率 $1-\gamma_2$ 改变引导交货期，即以较大概率 ν_2 将交货期设置为 $d_i^t = d_i^{t-1} + S_i^t$，以较小概率 $1-\nu_2$ 将交货期设置为 $d_i^t = d_i^{t-1} - S_i^t$。

与此同时，上述交货期需满足如下条件：若 $d_i^t \notin D_i$ 或 $d_i^t < d_0$，则 $d_i^t = d_i^{t-1}$。

为简单起见，对于上层引导概率的设置为：$\gamma_1 = 0.7$，$\gamma_2 = 0.3$，$\nu_1 = 0.7$，

$\nu_2 = 0.7$。

7.4.2　数值分析

将"基于总体目标值带有随机的上层引导策略"定义为"策略 3"。策略 3 整体双层机制的思路、计算步骤和流程图与前两种策略类似，具体过程不再叙述。只需对策略 1 双层机制计算步骤和流程图做出相应的调整，即步骤 5 中的策略 1 对应改成策略 3，图 7 - 3 中的"上层采购方根据策略 1，对下层供应商的交货期做相应引导"，改为"上层采购方根据策略 3，对下层供应商的交货期做相应引导"。对策略 3 的具体步骤和流程图，这里不再赘述。

采用 C++ 对策略 3 的双层机制重新编程，并将算例的测试结果存入 Excel 文件，绘制出 50 轮投标目标值和实际交易目标值的两条曲线，结果如图 7 - 6 所示。

观察图 7 - 6 可以看出，第 22 轮时，策略 3 的目标值最小，为 0.592393。选择的供应商为第 2 家、第 6 家、第 8 家和第 10 家。采购量分别为 600、500、100 和 300，交货期第 2 家为 5 天、其余三家都是 4 天，采购单价分别为 5.39、5.69、7.77 和 6.65，交易成本分别为 450、400、320 和 210，总采购成本为 10231。策略 3 的双层机制也未能达到完全信息情景下的最优结果，但是其目标值均好于前两种策略。

由图 7 - 6 可以看到，投标值在第 22 轮开始保持不变。这是由于投标值连

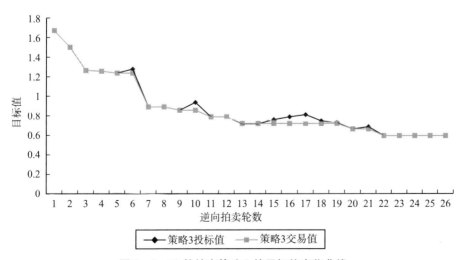

图 7 - 6　50 轮拍卖策略 3 的目标值变化曲线

续 5 轮没有发生变化，满足终止条件，所以拍卖过程提前结束，即拍卖过程进行到第 26 轮时就提前终止了。与此同时，投标值曲线也发生了波动，但是波动没有明显的规律。目标值变大的主要原因是价格降低没能弥补交货期的增长，或者是交货期的减小带来了更高的价格。波动没有明显的规律，主要是由于上层引导策略带有一定随机性。

7.5　对　比　分　析

7.5.1　上层引导策略的对比分析

本小节的目的是，从前面提出的三种策略中，为信息不对称下带有折扣的胜者确定问题找出一个相对较好的策略。不失一般性，以完全信息下带有折扣的胜者确定问题的 50 组算例的最优值，作为信息不对称情景下三种策略的评价准则，评价标准的计算公式为：

$$\frac{1}{50} \sum_{1}^{50} \frac{\text{策略计算结果} - \text{最优值}}{\text{最优值}} \qquad (7-15)$$

"策略计算结果"表示的是信息不对称情景下某种策略的最好解，"最优值"表示的是完全信息情景下的最好解。式（7-15）表示，对于随机生成的 50 组算例，每种策略下的最好解与完全信息下最优值的平均偏差率。平均偏差率越小，表明在这一组参数下该策略的求解结果与最优值的差距相对较小，此时的引导策略较好。

基于评价标准，对每种策略的不同参数进行测试。测试的参数主要包括每个策略的启动量（交货期和分配量），以及策略 3 对交货期的引导概率。参数测试基本过程是，先固定其他参数，对一个参数进行测试，确定该参数取何值时计算出的结果较好。确定好的参数保持不变，用同样的方法对其他参数再进行测试。最后，在每种策略的较好参数组合下进行比较。

1. 测试分配量（q）

固定交货期启动量 $d = 2$，策略 3 及其改进机制的引导概率设置为 $\gamma_1 = 0.7$，$\gamma_2 = 0.3$，$\nu_1 = 0.7$，$\nu_2 = 0.7$。在不同策略、不同分配数量下，分别对随机生成的 50 组算例进行测试，并根据式（7-15）求出与最优值的平均偏差率，如表 7 - 1 所示。

表 7 - 1   不同分配量下的平均偏差率

分配量	策略 1 平均偏差率	策略 2 平均偏差率	策略 3 平均偏差率
200	0. 305637	0. 303241	0. 189522
300	0. 306252	0. 308805	0. 192325
400	**0. 30160**	**0. 30142**	0. 195261
500	0. 307614	0. 317152	**0. 183897**
600	0. 304441	0. 306821	0. 184884

由表 7 - 1 可以看出，策略 1、策略 2、策略 3 下的最好平均偏差率对应的分配量分别为 400、400、500。下一步，固定每种策略的分配量，对不同交货期下的每种策略进行测试。

2. 测试交货期启动量（d）

由表 7 - 2 中数据可以看出，每种策略下的最小平均偏差率所对应的交货期，即策略 1 和策略 3 都为 4，策略 2 为 5。对于策略 3 的双层机制，还要对引导概率进行测试。

表 7 - 2   不同交货期下的平均偏差率

交货期	策略 1 平均偏差率	策略 2 平均偏差率	策略 3 平均偏差率
1	0. 311945	0. 311092	0. 19467
2	0. 30160	0. 30142	0. 183897
3	0. 307986	0. 301897	0. 192754
4	**0. 298305**	0. 301057	**0. 17913**
5	0. 337147	**0. 297281**	0. 186373

3. 对丁策略 3 的引导策略概率选取

固定策略 3 双层机制的分配量和交货期参数分别为 500 和 4，对上层不同的引导概率进行测试，测试结果如表 7 - 3 所示。

表7-3   不同引导概率下的平均偏差率

γ_1	γ_2	ν_1	ν_2	策略3平均偏差率
0.8	0.4	0.8	0.8	0.181825
		0.7	0.7	**0.143776**
		0.6	0.6	0.151548
0.7	0.3	0.8	0.8	0.193275
		0.7	0.7	0.17913
		0.6	0.6	0.172619
0.6	0.2	0.8	0.8	0.19372
		0.7	0.7	0.176688
		0.6	0.6	0.183825

由测得数据可以看出，当策略3的引导概率 $\gamma_1 = 0.8$ ，$\gamma_2 = 0.4$ ，$\nu_1 = 0.7$ ，$\nu_2 = 0.7$ 时，平均偏差率最小。

4. 每种策略的较好参数设置

通过参数测试，可以确定每种策略的较好参数，如表7-4所示。

表7-4   三种策略的参数设置

策略	q	d	γ_1	γ_2	ν_1	ν_2
策略1	400	4	—	—	—	—
策略2	400	5	—	—	—	—
策略3	500	4	0.8	0.4	0.7	0.7

5. 50组算例的三种策略测试结果与最优值的对比

在每种策略的较好参数设置下，将50组算例的测试结果与完全信息下的最优值进行比较，结果如图7-7所示。

由图7-7可知，对每种策略最优参数组合下的最终交易值进行比较，可以看出策略3的双层机制比策略1和策略2的机制更接近最优目标值。观察这三种策略的双层机制求得的50组算例的平均偏差率分别为0.298305，0.297281和0.143776，同样可以看出，策略3的双层机制要好于前两种策略的机制。对比三种策略下不同算例的最优值也可以看出，策略 3 小于等于策略 1 的个数有 47 个，策略 3 小于等于策略 2 的个数有 47 个，策略 2 小于等于策略 1 的个数有 36 个。从 3 个不同的指标都可以看出，策略 3 的双层机制都要好于另两种策略下的双层机制，而策略 1 相对较差。

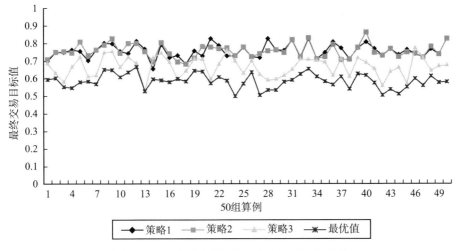

图 7 – 7　三种策略的测试结果与最优值的比较

7.5.2　下层供应商决策的影响

对于 50 组随机生成的算例，在三种策略的较好参数组合下，对供应商不同的降价幅度和不同的降价概率进行测试，并求出平均偏差率。

供应商的降价系数分别设置为：$\alpha = 0.9$；$\alpha = 0.8$；$\alpha = 0.7$。供应商的降价概率设置为：$\lambda_1 = 0.5$，$\lambda_2 = 0.5$；$\lambda_1 = 0.3$，$\lambda_2 = 0.7$；$\lambda_1 = 0.7$，$\lambda_2 = 0.3$。其中，$\lambda_1 = 0.5$，$\lambda_2 = 0.5$ 表明不论供应商获得订购量如何变化，他们的降价概率都是相同的，即所有供应商的降价策略具有随机性。$\lambda_1 = 0.3$，$\lambda_2 = 0.7$ 表明所有供应商的降价策略相对较为理性。$\lambda_1 = 0.7$，$\lambda_2 = 0.3$ 表明所有供应商的降价策略相对非理性。

由表 7 – 5 可知，供应商的降价系数和降价概率对每种策略下的双层机制都有影响。下层供应商在相同的降价概率下，降价幅度越大，每种策略的平均偏差率越小。这说明对于每种策略而言，降价幅度大能使上层拍卖方更容易找到相对较好的成本和交货期的均衡解。因为降价幅度大,每家供应商在不同交货期的时候,最低报价可以更快地体现出来,进而更快地被拍卖方选中。如果降价幅度不大,则原本在某一交货期最低报价很低的供应商可能会因为降价缓慢而遭到淘汰。供应商在相同降价幅度、不同的降价概率下,对每个策略的拍卖结果会有影响,但规律不明显。虽然供应商的降价幅度和降价概率的变化对上层拍卖方来讲是无法控制的,但是可以看出在同一降价幅度和降价概率下,策略 3 的双层机制仍是相对最好的策略,策略 1 的双层机制较差。同时,随着降价幅度的变大,这种差距有变大的趋势。由此可知,策略 3 具有一定的鲁棒性。

表 7–5　　　　　　　　　下层不同降价幅度和降价概率对策略的影响

α	λ_1	λ_2	策略 1 平均偏差率	策略 2 平均偏差率	策略 3 平均偏差率
	0.5	0.5	0.304104	0.295997	0.145524
0.9	0.3	0.7	0.298305	0.297281	0.143776
	0.7	0.3	0.306739	0.297982	0.142801
	0.5	0.5	0.265648	0.204439	0.112119
0.8	0.3	0.7	0.265861	0.229747	0.107513
	0.7	0.3	0.270085	0.179675	0.101118
	0.5	0.5	0.242964	0.169042	0.074447
0.7	0.3	0.7	0.244463	0.210886	0.087016
	0.7	0.3	0.251594	0.134324	0.080537

7.6　本章小结

　　本章重点研究了采购商主导的信息不对称下考虑折扣因素的两属性胜者确定问题。在供应商最低报价未知并且交货期由采购方来决策的情况下,分别对上层拍卖方的分配与引导策略、下层供应商的让步策略进行了设计和研究,提出考虑折扣因素的逆向拍卖胜者确定的双层决策机制。对于机制中的交货期引导策略，又分别从不同的角度进行研究，设计出 3 种不同的策略：基于交货期偏差的引导策略（策略 1）；基于总体目标值的引导策略（策略 2）；基于总体目标带有随机的引导策略（策略 3）。以完全信息下带有折扣的胜者确定问题的最优结果作为三种策略的评价标准，发现在供应商最低报价未知并且交货期由采购方来决策的情况下，策略 3 的双层机制相对更接近最优分配结果，而策略 1 相对较差。最后，对下层供应商不同的降价幅度和降价概率分别进行测试，进一步验证了策略 3 的双层机制有效性。在下层供应商同一降价幅度和降价概率下，策略 3 相对较好，而策略 1 相对较差。随着降价幅度的增加，策略 3 与另两种策略的差距有变大的趋势。

本章的研究在理论上将传统的信息不对称下的多属性逆向拍卖胜者确定扩展到采购商主导的考虑数量折扣和交货期折扣的逆向拍卖胜者确定，为采购商应用逆向拍卖选择胜标者提供科学的决策依据和决策支持。

第8章 最低报价未知且竞标方决策 交货期的胜者确定问题研究

上一章考虑的是采购商处于主导地位的情况，即交货期不是由供应商决策，而是由采购商的引导策略直接给出的。但现实中，采购商和供应商也会处于对等的地位，供应商需要对交货期做出决策，即并不完全听从采购商的引导。因此，本章主要考虑供应商最低报价信息未知且供应商不完全听从上层采购商对交货的引导（即每轮的交货期由供应商来决策）的两属性电子逆向拍卖胜者确定问题，即供应商决策交货期的带有折扣的胜者确定问题。针对该问题，本章建立了带有数量和交货期折扣的两属性上层决策模型和基于最低报价结构与交货期让步策略的下层决策模型，并设计了基于协商理论的胜者确定双层决策机制。由于供应商私有信息的存在，采购商使用何种分配与引导策略使得最终的分配结果对拍卖方更有利是本章重点考虑的关键问题。基于此，本章从三个不同的角度来设计上层采购商的引导策略，即基于交货期偏差的引导策略、基于总体目标值的引导策略和基于总体目标带有随机的引导策略，并且通过随机算例来验证嵌入这三种策略的胜者确定模型与方法的可行性和可用性。

具体而言，本章采用的是双层决策机制，上层描述了拍卖方的决策，下层描述了供应商的决策。信息不对称情景下，在供应商决策交货期的带有折扣的两属性逆向拍卖胜者确定问题中，供应商的最低报价是私有信息，且采购商主要考虑价格和交货期两个属性。首先，采购商将采购量和交货期传递给下层供应商。其次，供应商根据下层模型决策最优报价和交货期，并传递给采购商。接着，采购商将通过上层模型决策新的分配量和引导交货期。以此类推，拍卖双方这样往复不断的决策，直到上层采购商满意为止。此时，双层决策机制的交互过程如图 8-1 所示。

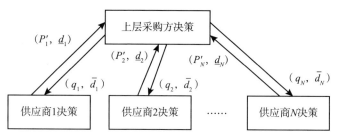

图 8 - 1　两属性电子逆向拍卖胜者确定双层决策过程

8.1　问题描述

本章所研究的是供应商决策交货期的带有折扣的胜者确定问题。具体而言，一个采购方欲购买大量的同一类商品 Q 个，并邀请 N 家供应商参与竞标。每一家供应商都不能单独满足该采购方的需求，即每家供应商都有一个最大供应量的限制 Q_i^{max}。采购方与某一家供应商发生交易时，都会支付给对方一个交易成本 T_i。对于采购方而言，期望采购的成本越小越好，同时也期望供应商提供商品的交货期越小越好。为此，采购方需要权衡价格和交货期两个属性来进行采购。

对于供应商而言，其成本结构具有两个特征：带有一定的数量折扣和交货期折扣。为保证盈利，供应商都有一个最低报价，且最低报价与成本结构具有同样的特征。由于每家供应商都想获得更多的利润，开始报价的时候都不愿意直接把最低价报出。所以，每家供应商的最低报价都是作为自己的私有信息而存在的，每家供应商在保证自己最低利益的前提下随着竞拍过程对采购方做出一些让步，进而获得订货量。

上层采购方所做的决策包括两部分：第一，如何分配采购量使本轮自己的利益最大化；第二，如何设计交货期引导策略，但引导策略所决策的交货期并不一定是每一轮最终的交货期。当供应商接收到上层传递的这两个信息之后，会结合自身的让步策略向上层提交价格和交货期。因此，由下层供应商决策的交货期为每一轮最终的交货期。

本章使用的符号说明如下：

$\bar{d}_i^t$：第 t 轮，上层引导的交货期；

$\underline{d}_i^t$：第 t 轮，下层决策的交货期；

$P_i(q_i^t, \underline{d}_i^t)$：第 t 轮，供应商 i 在上层分配量 q_i^t 和下层决策交货期 $\underline{d}_i^t$ 后，对应的最低报价。

其他符号说明与上一章相同。

8.2   基于交货期偏差引导的双层机制设计

8.2.1   双层机制的启动设置

上层采购方首先向下层每家供应商传递两个启动量，包括采购数量 q 和交货期 d。具体设置为：$q_1^0 = q_2^0 = q_3^0 = \cdots = q_N^0 = q$，$\bar{d}_1^0 = \bar{d}_2^0 = \bar{d}_3^0 = \cdots = \bar{d}_N^0 = d$。

下层每家供应商要传递给上层采购方两个量，即投标价格和交货期。每家供应商根据上层拍卖方分配的采购量和指定的交货期，找出对应的最低报价。然后，以最低报价的 ω 倍进行投标，即 $P_i'(0) = \omega P_i(q_i^0, \bar{d}_i^0)$；交货时间则按拍卖方的要求进行投标，即 $\underline{d}_i^0 = \bar{d}_i^0$。

此后（当 $t \geq 1$ 时），采购方与供应商之间按如下规则进行交互决策。

8.2.2   基于交货期偏差的上层分配与引导策略

1. 上层的分配策略

具体的上层分配模型如下：

$$\min w_c \frac{c_0^+(t)}{c_0} + w_d \frac{\sum_{i=1}^n \dfrac{d_{0i}^+(t)}{d_0}}{\sum_{i=1}^n x_i^t} \tag{8-1}$$

s. t.

$$\sum_{i=1}^N q_i^t = Q \tag{8-2}$$

$$q_i^t \leq x_i^t Q_i^{\max}, \quad \forall i \tag{8-3}$$

$$x_i^t \leq q_i^t, \quad \forall i \tag{8-4}$$

$$\sum_{i=1}^{N} \left[q_i^t P'_i (t-1) + x_i^t T_i \right] - c_0^+ (t) \leqslant c_0 \qquad (8-5)$$

$$x_i \underline{d}_i^{t-1} - d_{0i}^+ (t) \leqslant d_0, \quad \forall i \qquad (8-6)$$

$$x_i^t \in \{0, 1\}, \quad \forall i \qquad (8-7)$$

$$q_i^t, \ d_{0i}^+ (t) \geqslant 0 \ \text{且为整数}, \ \forall i \qquad (8-8)$$

$$c_0^+ (t) \geqslant 0 \qquad (8-9)$$

由模型可以看出，与上一章所设计的上层分配模型不同之处在于式（8-6），上一章中交货期是由上层采购方确定，而此时的交货期是由下层供应商决策的。模型中的目标函数和其他约束的含义与上一章相同，这里不再赘述。

2. 上层分配策略的算法设计

上层分配策略的算法设计与上一章的类似，只需将算法流程图中的"根据下层每家供应商的报价和上层所决策的引导交货期，计算出此时的最小目标值"改为"根据每家供应商的报价和递交的交货期，计算出此时的最小目标值"。本章的上层分配策略的具体步骤和流程图不再做具体说明。

3. 基于交货期偏差的上层引导策略

（1）如果 $\underline{d}_i^{t-1} - d_0 > 0$，那么 $S_i^t = -1$，即第 t 轮，建议该供应商 i 减小交货期。

（2）如果 $\underline{d}_i^{t-1} - d_0 \leqslant 0$，那么 $S_i^t = +1$，即第 t 轮，建议该供应商 i 延长交货期。

那么，第 t 轮上层采购方对下层供应商交货期的引导计算公式为：

$$\bar{d}_i^t = \underline{d}_i^{t-1} + S_i^t \qquad (8-10)$$

若 $\bar{d}_i^t \notin D_i$ 或 $\bar{d}_i^t < d_0$，则 $\bar{d}_i^t = \underline{d}_i^{t-1}$。

本章的上层采购方的引导策略是根据上一轮下层供应商提交的交货期来确定的，但是基本思想与上一章相同。若上一轮下层供应商提交的交货期与采购方期望的交货期有正偏差，为了使这一偏差越来越小，则建议相应的供应商减少交货期。若上一轮供应商决策的交货期与采购方期望的交货期没有正偏差，则建议该供应商延长交货期。

8.2.3　下层的让步策略

下层每家供应商投标的信息包括两部分：商品的报价和交货时间。下层每家供应商的让步策略也由两部分组成：即供应商的报价策略以及对交货期的投标策略。由第 t 轮供应商 i 的最低报价 $P_i(q_i^t,\ \underline{d}_i^t)$ 可以看出，在确定最低报价前，需要先确定本轮拍卖方对供应商 i 的采购量 q_i^t 和本轮供应商 i 投标的交货期 $\underline{d}_i^t$。采购量已由上层分配策略确定，而交货期则由下层供应商根据上层引导策略和自身情况做出相应的变化。

下层供应商的目的是获得上层采购方的订购量，而传递给上层采购方的信息是投标价格和交货期。为了实现这一目标，供应商可以通过降低价格来吸引采购方。第 t 轮，供应商 i 的报价计算公式为：

$$P_i'(t) = \max\{\alpha P_i'(t-1),\ P_i'(q_i^t,\ \underline{d}_i^t)\} \qquad (8-11)$$

但是最终的报价，还要根据后面具体的报价策略来确定最终的投标价格。

供应商具体的让步策略分两种情况。

情况 1　当 $q_i^t > q_i^{t-1}$ 或 $q_i^t = Q_i^{\max}$ 时，供应商对交货期的投标策略为：以概率 δ_1 按上层引导的指示去做，即 $\underline{d}_i^t = \overline{d}_i^t$；以概率 $1-\delta_1$ 保持交货期不变，即 $\underline{d}_i^t = \underline{d}_i^{t-1}$。供应商的报价策略为：如果 $P_i'(t) \geqslant P_i'(t-1)$，则供应商 i 按 $P_i'(t)$ 报价；如果 $P_i'(t) < P_i'(t-1)$，则以概率 λ_1 按 $P_i'(t)$ 报价，以概率 $1-\lambda_1$ 按 $P_i'(t) = P_i'(t-1)$ 报价。

情况 2　当 $q_i^t \leqslant q_i^{t-1}$ 且 $q_i^t \neq Q_i^{\max}$ 时，供应商对交货期的投标策略为：以概率 δ_2 按上层引导的指示去做，即 $\underline{d}_i^t = \overline{d}_i^t$；以概率 $1-\delta_2$ 保持交货期不变，即 $\underline{d}_i^t = \underline{d}_i^{t-1}$。供应商的报价策略为：如果 $P_i'(t) \geqslant P_i'(t-1)$，则供应商 i 按 $P_i'(t)$ 报价；如果 $P_i'(t) < P_i'(t-1)$，则以概率 λ_2 按 $P_i'(t)$ 报价，以概率 $1-\lambda_2$ 按 $P_i'(t) = P_i'(t-1)$ 报价。

根据不同的情况，分别对概率进行设置：

在情况 1 下，供应商 i 在本轮投标前认为自己在上一轮投标的价格 $P_i'(t-1)$ 和交货期 $\underline{d}_i^{t-1}$ 具有一定的竞争力。因此，供应商会以小概率进行降价和听从上层采购方对交货期的引导。因此，概率分别设置为 $\delta_1 = 0.3$ 和 $\lambda_1 = 0.3$。

在情况 2 下，供应商 i 在本轮投标前认为自己在上一轮投标的价格 $P_i'(t-1)$ 和交货期 $\underline{d}_i^{t-1}$ 竞争力不强。因此，供应商的降价概率和听从上层引导的概率就大一些，则概率设置为 $\delta_2 = 0.7$ 和 $\lambda_2 = 0.7$。

8.2.4　供应商评价准则

注意到式（8-1）所求得的最小值，只代表第 t 轮上层采购商的订货量的分配策略，以引起本轮下层供应商之间的竞争。每一轮真实的交易目标值，是由下层供应商重新投标后，依据上层采购商的分配情况而算得的。换言之，真实的成交目标值是在同一轮次协商完成后再计算出来的。

当第 t 轮拍卖完毕，式（8-5）和式（8-6）中的 $P'_i(t-1)$ 和 $\underline{d}_i^{t-1}$ 分别由下层供应商重新投标为 $P'_i(t)$ 和 $\underline{d}_i^t$。此时，只需确定 $c_0^+(t)$ 和 $d_{0i}^+(t)$，就可以求出目标值。为了保证目标最小，两个偏差的计算公式如下：

$$c_0^+(t) = \begin{cases} \sum_{i=1}^{N} \left[q_i^t P'_i(t) + x_i^t T_i \right] - c_0 & \text{如果} \sum_{i=1}^{N} \left[q_i^t P'_i(t) + x_i^t T_i \right] - c_0 > 0 \\ 0 & \text{否则} \end{cases}$$

$$(8-12)$$

$$d_{0i}^+(t) = \begin{cases} x_i^t \underline{d}_i^t - d_0 & \text{如果} x_i^t \underline{d}_i^t - d_0 > 0 \\ 0 & \text{否则} \end{cases} \qquad (8-13)$$

由式（8-12）和式（8-13）即可求出第 t 轮投标后的目标值 G^t，具体计算公式如下：

$$G^t = w_c \frac{c_0^+(t)}{c_0} + w_d \frac{\sum_{i=1}^{n} \dfrac{d_{0i}^+(t)}{d_0}}{\sum_{i=1}^{n} x_i^t} \qquad (8-14)$$

同时，需要引入每一轮的实际交易目标值 $G_{\min}^t$，用来记录竞标过程中的最好解。

8.2.5　基于交货期偏差引导的双层机制流程

将"基于交货期偏差的上层引导策略"定义为"策略 1"。策略 1 的双层机制的基本思路是：上层拍卖方根据供应商的报价和对交货期的决策，确定一个当前最优的分配结果，并对交货期重新做出引导。下层供应商根据上层采购方的分配数量和交货期的引导，对报价和交货期做出让步。一轮协商后，上层采购方对投标后的目标值 G^t 进行计算，同时与上一轮的实际交易目标值 $G_{\min}^{t-1}$ 进行比较。若 $G^t > G_{\min}^{t-1}$，则 $G_{\min}^t = G_{\min}^{t-1}$；否则，$G_{\min}^t = G^t$。最后，对是否达到协商终止条件进行判断。若达到协商终止条件，则拍卖结束、并进行交易；否则，继续进行拍卖。协商终止准则为：连续 5 轮投标后的目标值不变或达到最大轮数 50 次。

考虑供应商决策交货期的带有折扣的胜者确定问题的特征，设计基于交货期偏差引导的双层决策机制。具体步骤如下。

步骤 1：拍卖开始，先由上层采购方分配给下层每位供应商一个相同的采购量和一个相同的交货期。若采购商的分配量超出供应商的最大供应能力，则自动按最大供应能力进行分配。

步骤 2：下层每位供应商根据上层采购方传递的信息（包括采购量和交货期），确定自己的最低报价 $P_i(q_i^0, \underline{d}_i^0)$。供应商按最低报价的 ω 倍进行报价 $P_i'(0) = \omega P_i(q_i^0, \underline{d}_i^0)$，并将决策的交货期 $\underline{d}_i^0$ 传递给上层供应商。

步骤 3：根据式（8 – 12）、式（8 – 13）和式（8 – 14）求出 G^0，并赋值给 $G_{\min}^0$。

步骤 4：当上层拍卖方接收到下层每位竞标者递交的报价和交货期以后，按照上层分配策略重新对采购量进行分配。

步骤 5：上层采购方再根据策略 1，对下层供应商的交货期重新做出引导。

步骤 6：下层供应商根据获得的订购量和上层对交货期的引导，并结合下层供应商的交货期让步策略，先确定本轮投标的交货期。

步骤 7：下层供应商确定交货期的投标后，可以确定自己的最低报价 $P_i(q_i^t, \bar{d}_i^t)$。

步骤 8：下层供应商再根据式（8 – 11）和下层让步策略中的报价策略，确定本轮的投标价格。

步骤 9：本轮竞标结束后，由上层采购方计算本轮的投标目标值 G^t。

步骤 10：将本轮投标的目标值与上一轮的实际目标值进行比较。若采购商对本轮的投标结果满意，即 $G^t \leqslant G_{\min}^{t-1}$，则 $G_{\min}^t = G^t$；否则，$G_{\min}^t = G_{\min}^{t-1}$。记录相应的交易情况。

步骤 11：判断是否满足协商终止条件。如果满足，则协商终止，进行交易；否则，令 $t = t + 1$ 并跳转到步骤 4。

根据上面所描述的具体步骤，基于策略 1 的双层机制流程如图 8-2 所示。

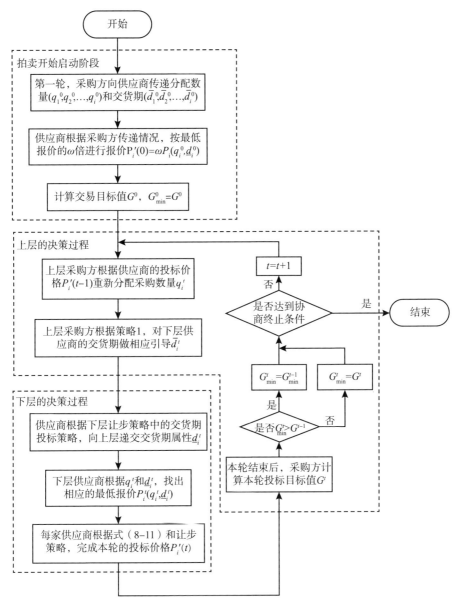

图 8-2　基于交货期偏差引导的双层机制流程

8.2.6 数值分析

假设采购方的需求总量 $Q = 1500$，有 $N = 10$ 个供应商参与竞标。采购商的成本预算设置为 $c_0 = 7500$ 元，期望交货时间为 $d_0 = 2$ 天。采购成本和交货期的权重系数分别设置为 $w_c = 0.7$ 和 $w_d = 0.3$，启动量设置为 $q = 200$，$d = 2$。由于供应商的最低报价是其私有信息，为了获得更多利润，每家供应商开始都不以最低价格进行报价。此后，在竞标过程中，供应商均以 $\alpha = 0.9$ 的倍数进行降价，降价概率为 $\lambda_1 = 0.3$，$\lambda_2 = 0.7$。下层供应商对交货期的引导概率设计为 $\delta_1 = 0.3$，$\delta_2 = 0.7$。

采用 C++ 语言对策略 1 的双层机制进行实现，并将每一轮投标后的目标值和实际交易目标值的数据保存到文件中，并由 Excel 绘制出两个目标值的曲线，结果如图 8 - 3 所示。

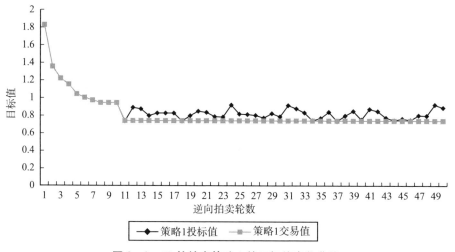

图 8 - 3　50 轮拍卖策略 1 的目标值变化曲线

策略 1 的双层机制在第 11 轮时达到最小，其目标值为 0.741253，选择的供应商为第 2 家、第 3 家和第 6 家，采购量分别为 600、600 和 300，交货期均为 2 天，采购单价分别为 9.27、8.97 和 10.56，对应的交易费用为 450、480 和 400，采购成本为 15442。显然，策略 1 的双层机制所求得的目标值没有达到信息完全下情形下的最优目标值。

图 8 - 3 中的投标值主要反映出两个特点：一是投标目标值变化不收敛；二是整体趋势在下降。与上一章的策略 1 相比，虽然考虑的角度是相同的，但是图 8 - 3 中的投标值曲线没有像上一章的策略 1 出现交替变化的规律。这是由于下层供应商并不是完全按照上层采购商引导的交货期去决策的，所以不会出现反复交替的情况。投标值的下降趋势是由于供应商按一定的概率进行降价所引起的。

8.3　基于总体目标值引导的双层机制设计

本节从总体目标值的角度提出另一个上层引导策略，而对于整个双层机制的其他部分，包括上层分配策略、下层让步策略以及上层对下层投标后的评标准则都与 8.2 节相同。

8.3.1　基于总体目标值的上层引导策略

（1）拍卖开始（即 $t = 0$ 时），上层采购方对下层供应商设置一个交货期的启动量，即 $\bar{d}_1^0 = \bar{d}_2^0 = \bar{d}_3^0 = \cdots = \bar{d}_N^0 = d$。

（2）第一轮（当 $t = 1$ 时），与采购方主导的带有折扣的胜者确定问题中的策略 1 相同。

（3）此后（$t \geqslant 2$），根据总体目标值的变化，对下层供应商做出的相应引导：如果 $G^{t-1} < G^{t-2}$，则 $S_i^t = S_i^{t-1}$；如果 $G^{t-1} \geqslant G^{t-2}$，则 $S_i^t = -S_i^{t-1}$。

根据式（8 - 10），即上层拍卖方对下层竞标者引导的交货期为 $\bar{d}_i^t = \underline{d}_i^{t-1} + S_i^t$。若 $\bar{d}_i^t \notin D_i$ 或 $\bar{d}_i^t < d_0$，则 $\bar{d}_i^t = \underline{d}_i^{t-1}$。

8.3.2　数值分析

将"基于总体目标值的上层引导策略"定义为"策略 2"。策略 2 的双层机制的基本思想与本章策略 1 的双层机制基本相同。不同的是，从第 2 轮开始上层采购方在对下层供应商的交货期做引导时，需要对前两轮的投标目标值做一个判断，进而确定本轮对下层供应商交货期的引导。策略 2 的双层机制的计算步骤和流程图与本章策略 1 类似，只需对本章 8.2.5 小节的对应部分做相应修改即可。将步骤 5 中的"策略 1"改成"策略 2"，图 8-2 中的"上层采购方根据策略 1，对下层供应商的交货期做相应引导"，改为"上层采购方根据策略 2，对下层供应商的交货期做相应引导"。对于策略 2 的具体步骤和流程不再赘述。

下层供应商对交货期的引导概率设计为 $\delta_1 = 0.3$，$\delta_2 = 0.7$。将供应商的最低报价数据放入修改后的 C++ 程序中，可得到策略 2 的双层机制测试结果，如图 8-4 所示。

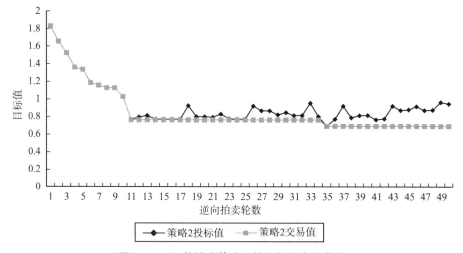

图 8-4　50 轮拍卖策略 2 的目标值变化曲线

策略 2 的双层机制在第 35 轮时达到最小，其目标值为 0.690792。选择的供应商为第 1 家、第 3 家和第 10 家，采购量分别为 600、600 和 300，交货期分别为 3 天、4 天和 4 天，采购单价分别为 7.83、6.6906 和 7.73469，对应的交易费用为 500、480 和 210，总采购成本为 12222.77。该策略也没有达到信息完全下的最优目标值，但是最终的交易目标值比策略 1 好。

投标值起初同样有一段下降过程，之后出现了波动情况。这是由于下层供应商对上层采购方引导的交货期不是完全听的。因此，投标值会发生波动，而且没有明显的规律。

8.4　基于总体目标值带有随机引导的双层机制设计

本小节仍从总体目标进行考虑，提出一个带有随机的协商引导策略。基本设计理念是，对于本轮胜出的供应商，采购方认为他提供的价格和交货期有较强的优势，所以对该供应商的交货期以小概率重新进行引导。对于本轮没有胜出的供应商，由于竞争优势不明显，采购商将以较大的概率重新进行引导。对于整体双层机制的其他部分与本章 8.2 小节类似。

8.4.1　基于总体目标值带有随机的上层引导策略

（1）第一轮（当 $t = 0$ 时），上层采购方设置下层供应商的交货期启动量，即 $\bar{d}_1^0 = \bar{d}_2^0 = \bar{d}_3^0 = \cdots = \bar{d}_N^0 = d$。

（2）第二轮（当 $t = 1$ 时），与本章 8.2.2 小节所设计的策略 1 相同。

（3）此后（$t \geqslant 2$），根据总体目标值的变化，对下层供应商做出的相应引导：如果 $G^{t-1} < G^{t-2}$，则 $S_i^t = S_i^{t-1}$；如果 $G^{t-1} \geqslant G^{t-2}$，则 $S_i^t = -S_i^{t-1}$。

当确定好引导方向后，上层采购方根据下层供应商的不同情况，制定不同的引导策略。

情况 1　当 $q_i^t > q_i^{t-1}$ 或 $q_i^t = Q^{\max}$ 时，以大概率 γ_1 保持交货期不变，即 $\bar{d}_i^t = \underline{d}_i^{t-1}$；以小概率 $1 - \gamma_1$ 改变引导交货期，即以大概率 ν_1 设置交货期为 $\bar{d}_i^t = \underline{d}_i^{t-1} + S_i^t$，以小概率 $1 - \nu_1$ 设置交货期为 $\bar{d}_i^t = \underline{d}_i^{t-1} - S_i^t$。

情况 2　当 $q_i^t \leqslant q_i^{t-1}$ 且 $q_i^t \neq Q^{\max}$ 时，以小概率 γ_2 保持交货期不变，即 $\bar{d}_i^t = \underline{d}_i^{t-1}$；以大概率 $1 - \gamma_2$ 改变引导交货期，即以大概率 ν_2 设置交货期为 $\bar{d}_i^t = \underline{d}_i^{t-1} + S_i^t$，以小概率 $1 - \nu_2$ 设置交货期为 $\bar{d}_i^t = \underline{d}_i^{t-1} - S_i^t$。

以上所有对交货期的引导情况，若 $\bar{d}_i^t \notin D_i$ 或 $\bar{d}_i^t < d_0$，则 $\bar{d}_i^t = \underline{d}_i^{t-1}$。

8.4.2　数值分析

将"基于总体目标值带有随机的上层引导策略"定义为"策略 3"。策略 3

双层机制的思路、计算步骤和流程图与前两种策略类似，具体过程不再叙述。只需对本章 8.2.5 小节的策略 1 双层机制计算步骤和流程图做出相应的调整，即步骤 5 中的策略 1 改成策略 3，图 8 - 2 中的"上层采购方根据策略 1，对下层供应商的交货期做相应引导"，改为"上层采购方根据策略 3，对下层供应商的交货期做相应引导"。

下层供应商对交货期的引导概率仍设计为 $\delta_1 = 0.3$，$\delta_2 = 0.7$。再根据前面对策略 3 所叙述的设计理念，则上层引导随机概率设置为 $\gamma_1 = 0.7$，$\gamma_2 = 0.3$，$\nu_1 = 0.7$，$\nu_2 = 0.7$。采用 C++ 程序对策略 3 的双层机制重新编程，并将算例的测试结果存入 Excel 文件，将结果绘制成曲线，如图 8 - 5 所示。

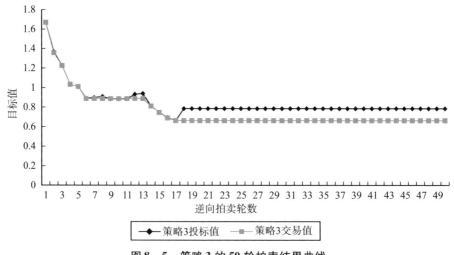

图 8 - 5　策略 3 的 50 轮拍卖结果曲线

策略 3 的双层机制在第 17 轮时达到最小，目标值为 0.65733。选择的供应商为第 1 家、第 4 家和第 8 家，采购量分别为 600、500 和 400，交货期分别为 5 天、3 天和 4 天，采购单价分别为 5.45089、8.62 和 6.27，对应的交易费用为 500、420 和 320，总采购成本为 11328.53。该策略没有达到信息完全下胜者确定问题的最优目标值，但比前两个策略更接近最优值。

由图 8 - 5 可以看到，投标值在第 18 轮开始保持不变了。这是因为连续 5 轮投标值没有发生变化，达到了终止条件，所以拍卖过程提前结束，即拍卖进行到第 22 轮时就已经终止了。在终止前，投标值曲线也发生了波动，造成此种情况主要是由于上层采购方的随机引导和下层供应商以一定概率决策交货期这两方面因素的综合影响。

8.5 对 比 分 析

8.5.1 上层引导策略的对比分析

本节主要在供应商最低报价未知且交货期由供应商来决定的情况下，对本章所设计的三种策略的双层机制进行测试，评价标准与上一章的式（7 – 15）相同。给定 50 组相同的随机算例，对不同的策略进行实验，将实验结果与最优值的平均偏差率作为不同机制的评价标准。

首先确定每个策略的最好参数。然后在每个策略的最好参数设置下进行比较，找出解决本章问题的相对较好的策略。

1. 测试分配量（q）

固定交货期启动量 $d = 2$，策略 3 双层机制的引导概率设置为 $\gamma_1 = 0.7$，$\gamma_2 = 0.3$，$\nu_1 = 0.7$，$\nu_2 = 0.7$。由每种策略求得的平均偏差率如表 8 – 1 所示。

表 8 – 1　　　　　　　　　　不同分配量下的平均偏差率

分配量	策略 1 平均偏差率	策略 2 平均偏差率	策略 3 平均偏差率
200	**0.262914**	0.249894	0.149383
300	0.269659	0.238385	**0.135354**
400	0.269454	**0.226491**	0.135743
500	0.266525	0.229088	0.146445
600	0.267276	0.233316	0.15221

由表 8 – 1 中数据可以看出，每种策略下最好平均偏差率对应的分配量为：策略 1 的双层机制分配量为 200，策略 2 的分配量为 400，策略 3 的分配量为 300。

2. 测试交货期启动量（d）

固定每种策略确定的分配量，测试不同交货期下的平均偏差率如表 8 – 2

所示。

表 8 - 2 不同交货期下的平均偏差率

交货期	策略 1 平均偏差率	策略 2 平均偏差率	策略 3 平均偏差率
1	0.2747	0.222356	0.177697
2	0.262914	0.226491	0.135354
3	0.259122	0.249417	0.161939
4	0.264827	0.228373	**0.111556**
5	**0.255875**	**0.191141**	0.127874

由表 8 - 2 中数据可以看出，每种策略的最好平均偏差率对应的交货期。而对于策略 3 的双层机制，同样还要测试其不同的引导概率。

3. 对于策略 3 及其改进机制的引导策略概率选取

固定策略 3 的双层机制的分配量和交货期为 300 和 4，对上层不同的引导概率进行测试，测试结果如表 8 - 3 所示。

表 8 - 3 不同引导概率下的平均偏差率

γ_1	γ_2	ν_1	ν_2	策略 3 改进平均偏差率
0.8	0.4	0.8	0.8	0.12818
		0.7	0.7	0.110793
		0.6	0.6	0.11731
0.7	0.3	0.8	0.8	0.119387
		0.7	0.7	0.111556
		0.6	0.6	0.116303
0.6	0.2	0.8	0.8	0.123562
		0.7	0.7	0.10905
		0.6	0.6	0.102091

由测试结果可知，当策略 3 的引导概率为 $\gamma_1 = 0.6$，$\gamma_2 = 0.2$，$\nu_1 = 0.6$，$\nu_2 = 0.6$ 时，结果相对较好。

4. 每种策略的较好参数设置

通过以上三步，可以确定每种策略的较好参数（如表 8 - 4 所示）。

表 8 - 4　　　　　　　　　　　三种策略的参数设置

策略	q	d	γ_1	γ_2	ν_1	ν_2
策略 1	200	5	—	—	—	—
策略 2	400	5	—	—	—	—
策略 3	300	4	0.6	0.2	0.6	0.6

5. 50 组算例的三种策略测试结果与最优值的对比

在每种策略的较好参数设置下，将 50 组报价算例的测试结果与本书 4.5 节所求得的最优值进行比较，如图 8 - 6 所示。

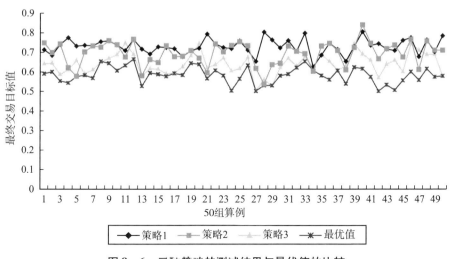

图 8 - 6　三种策略的测试结果与最优值的比较

由图 8 - 6 可以看出，绝大多数情况下策略 3 的双层机制更接近最优值。从平均偏差来看，三种策略的平均偏差分别为：0.255875，0.191141，0.102091，即策略 3 的平均偏差率最好，策略 1 的平均偏差率最差。从 50 组算例在不同策略下的对比可以看出，基于策略 3 的目标值小于等于策略 2 的有 40 个、小于等于策略 1 的有 45 个；策略 2 小于等于策略 1 的有 35 个。由此可知，策略 3 的双层机制相对最好，策略 1 的相对比较差。

8.5.2　下层供应商决策的影响

在三种策略的双层机制的较好参数组合下，根据供应商不同测试参数的设置，对随机生成的 50 组供应商报价算例进行测试。根据测试结果分析下层供应商对策略的影响，并得出相应结论。

1. 供应商的测试参数设置

分别对 $\alpha = 0.9$，$\alpha = 0.8$ 和 $\alpha = 0.7$ 进行测试，表明降价幅度不断变大。供应商的降价概率分别设置为：$\lambda_1 = 0.5$，$\lambda_2 = 0.5$；$\lambda_1 = 0.3$，$\lambda_2 = 0.7$；$\lambda_1 = 0.7$，$\lambda_2 = 0.3$。其中，$\lambda_1 = 0.5$，$\lambda_2 = 0.5$ 表明不论供应商获得订购量如何变化，他们的降价概率都是相同的，即供应商的降价是随机的。$\lambda_1 = 0.3$，$\lambda_2 = 0.7$ 表明供应商竞标过程中的降价是理性的。$\lambda_1 = 0.7$，$\lambda_2 = 0.3$ 表明供应商竞标过程中的降价是非理性的。

供应商是否听从引导的概率设置为：$\delta_1 = 0.5$，$\delta_2 = 0.5$；$\delta_1 = 0.3$，$\delta_2 = 0.7$；$\delta_1 = 0.7$，$\delta_2 = 0.3$。其中，$\delta_1 = 0.5$，$\delta_2 = 0.5$ 说明无论供应商获得的订购量如何变化，他们对交货期的听从概率都是相同的，即供应商随机听从上层采购方对交货期的引导。$\delta_1 = 0.3$，$\delta_2 = 0.7$ 表明供应商对是否按上层采购方的交货期引导决策交货期是理性的。$\delta_1 = 0.7$，$\delta_2 = 0.3$ 表明供应商对是否按上层采购方的交货期引导决策交货期是非理性的。

2. 供应商不同参数下的测试结果

由表 8 – 5 可知，在同一降价概率下，不同交货期的让步概率对每种策略的结果都产生影响。当供应商对是否按上层采购方的交货期引导决策交货期是理性的，则采购方的收益相对较好。当供应商对是否按上层采购方的交货期引导决策交货期是非理性的，则采购方的收益相对较差。在同一组交货期让步概率下，不同的降价概率对每种策略的影响规律不明显。与此同时，在同一降价概率和同一交货期让步概率下，降价幅度越大，每种策略的平均偏差率越小。策略 2 和策略 3 的平均偏差率的变小程度较为明显，而策略 1 的平均偏差率变小程度不大，这正是策略 1 只考虑局部因素所导致的结果。下层所有供应商在同一种情况下，即相同的降价幅度、相同的降价概率以及相同的交货期让步概率，策略 3 的双层机制相对最好，而策略 1 的双层机制相对最差。

表 8 - 5 不同降价系数及不同的让步概率对策略的影响

α	λ_1	λ_2	δ_1	δ_2	策略 1 平均偏差率	策略 2 平均偏差率	策略 3 平均偏差率
0.9	0.3	0.7	0.3	0.7	0.255875	0.191141	0.102091
			0.5	0.5	0.267643	0.231407	0.133498
			0.7	0.3	0.278418	0.249147	0.152854
	0.5	0.5	0.3	0.7	0.254959	0.188747	0.121470
			0.5	0.5	0.26171	0.222706	0.132622
			0.7	0.3	0.266641	0.239245	0.133392
	0.7	0.3	0.3	0.7	0.256507	0.190469	0.133524
			0.5	0.5	0.25978	0.221155	0.136663
			0.7	0.3	0.263304	0.228148	0.137783
0.8	0.3	0.7	0.3	0.7	0.215695	0.115278	0.085177
			0.5	0.5	0.239065	0.148173	0.073051
			0.7	0.3	0.239355	0.172662	0.103769
	0.5	0.5	0.3	0.7	0.21344	0.103871	0.086952
			0.5	0.5	0.227281	0.113943	0.065977
			0.7	0.3	0.229164	0.13676	0.091718
	0.7	0.3	0.3	0.7	0.207789	0.097832	0.082225
			0.5	0.5	0.224342	0.097134	0.083535
			0.7	0.3	0.230961	0.10866	0.101281
0.7	0.3	0.7	0.3	0.7	0.199862	0.068902	0.06351
			0.5	0.5	0.211831	0.118809	0.073154
			0.7	0.3	0.226174	0.148762	0.099004
	0.5	0.5	0.3	0.7	0.191613	0.072381	0.059022
			0.5	0.5	0.201556	0.077256	0.059361
			0.7	0.3	0.218485	0.093506	0.079662
	0.7	0.3	0.3	0.7	0.182176	0.068378	0.067779
			0.5	0.5	0.202312	0.07479	0.065859
			0.7	0.3	0.212361	0.093083	0.091877

8.6　本章小结

　　本章重点考虑了供应商决策交货期的带折扣的胜者确定问题。在供应商最低报价未知且交货期由供应商来决策的情况下，分别对上层拍卖方的分配与引导策略、下层供应商的让步策略进行了设计和研究，进而设计了一个完整的逆向拍卖胜者确定双层决策机制。具体设计了三种不同的上层引导策略，即基于交货期偏差的引导策略（策略1）、基于总体目标值的引导策略（策略2）和基于总体目标带有随机的引导策略（策略3）。依据引导策略，下层供应商对交货期最终决策后再确定。通过实验结果的对比分析，进一步验证了解决供应商决策交货期的带有折扣的胜者确定问题，策略3是相对较好的，其结果更接近最优分配结果，而策略1相对最差。最后，在下层供应商的不同参数下，做了相应的实验和参数分析，发现在同一组降价幅度、降价概率和听从交货期引导的概率的情况下，策略3也是相对最好的策略，而策略1是相对最差的策略。

　　本章的研究不仅在理论上将传统的信息不对称下的多属性逆向拍卖胜者确定扩展到采供双方决策权力等价的考虑数量折扣和交货期折扣的逆向拍卖胜者确定，而且为采购商选择合作伙伴提供科学的决策依据和决策支持。

结　束　语

随着电子商务的飞速发展和"互联网＋"行动计划的推进，电子逆向拍卖逐渐成为政府和大型企业集团获取资源的重要途径，电子逆向拍卖胜者确定的相关研究也日益成为一个引人注目的研究领域。国内外学者对此进行了广泛研究并取得了一定的研究成果。然而，从现实中应用电子逆向拍卖进行采购的成功与失败案例可知，已有研究远远无法满足采购组织运用电子逆向拍卖获取资源的现实需求，仍需改进和完善。

本书在梳理已有文献的基础上，对电子逆向拍卖中的胜者确定问题进行了探讨。首先，为提高采购效率，提出采用多属性决策方法筛选合格的供应商参与竞标，不仅可以提高采购效率，而且有助于建立采购商和供应商之间的信任关系。其次，在对称信息情形下，建立了一般情形下考虑多属性的单产品多件物品胜者确定模型，并扩展到考虑供应模式、损失规避行为、竞标者类型以及折扣特征的情形，设计了求解模型的枚举算法、启发式算法和蚁群算法，并通过数值算例验证了模型和方法的有效性。再次，对对称信息情形下考虑多属性的多产品单件物品胜者确定问题，构建了逆向组合拍卖胜者确定模型，设计了基于回溯思想的枚举算法、改进蚁群算法以及改进粒子群算法，并通过不同规模的数值算例验证了算法的可用性。进而，在不对称信息情形下，针对考虑竞标者特征且最低报价未知的逆向拍卖胜者确定问题，构建了基于双层分布式决策框架的数学模型，用于刻画上层采购商和下层供应商的决策过程，并设计了基于分配策略和让步策略的双层逆向拍卖胜者确定机制，为采购组织选择合作伙伴提供科学决策依据。最后，在不对称信息下，考虑采购商具有主导权、采购商与供应商具有对等权力这两种不同的场景，针对带有数量折扣和交货期折扣的两属性电子逆向拍卖胜者确定机制问题，构建了基于交货期偏差的引导策略以及供应商让步策略的双层决策机制，为采购组织确定胜标者提供理论和方法支撑。

　　本书就电子逆向拍卖胜者确定问题进行了一定的探讨，得到了一些研究结论，期望能为采购组织降低采购成本、提高采购效率提供有益帮助。然而，在新的经济与社会环境下，关于电子逆向拍卖胜者确定的理论与方法研究涉及复杂的决策因素（如决策者的有限理性行为、决策者的学习行为），以及大数据、云计算、区块链、人工智能、5G 等新技术带来的新的研究问题。每一个大的方向中又包含许多小的研究课题，如有限理性行为包括损失规避、公平关切、期望后悔等，以及基于大数据和云计算的投标决策分析、基于大数据和云计算的胜者确定机制等。

附　录　一

一、十个供应商的实例描述

某采购方要对某一种商品进行大批量采购，任何一个供应商的供应能力都不能满足采购方的采购需求，采购方需要从所有竞标者中选取多个供应商为自己供货。假设预期采购费用 $C_m = 44500$、预期时间 $T_m = 10$、采购需求 $L = 500$、单位拖期惩罚费用 $q = 100$。十个供应商的数据如表 1 所示。

表 1　　　　　　　　　十个供应商的数据

供应商编号	单价	最大供应量	交货期	拖期概率
1	87	125	12	0.18
2	85.5	160	11	0.16
3	90.2	110	10	0
4	93.5	130	12	0.24
5	92	90	10	0
6	90	55	11	0.15
7	86.5	69	14	0.23
8	97	100	13	0.37
9	89	85	11	0.16
10	90	92	10	0

二、二十个供应商的实例描述

假设预期采购费用 $C_m = 56700$、预期时间 $T_m = 15$、采购需求 $L = 600$、单

位拖期惩罚费用 $q = 100$。二十个供应商的数据如表 2 所示。

表 2 　　　　　　　　　　　二十个供应商的数据

供应商编号	单价	最大供应量	交货期	拖期概率
1	100	90	14	0.12
2	90	120	15	0
3	103	100	17	0.12
4	98	95	16	0.26
5	110	145	15	0.13
6	96	136	18	0.23
7	108	85	19	0.40
8	112	65	16	0.23
9	103	98	18	0.35
10	101	55	17	0.17
11	91	64	20	0.21
12	96	135	14	0.21
13	100	65	19	0.34
14	89	94	18	0.26
15	97	36	16	0.15
16	98.5	123	16	0.15
17	104.5	114	13	0.16
18	109	96	17	0.24
19	116	92	18	0.25
20	93	128	16	0.41

三、三十个供应商的实例描述

假设预期采购费用 $C_m = 6000$、预期时间 $T_m = 7$、采购需求 $L = 650$、单位拖期惩罚费用 $q = 50$。三十个供应商的数据如表 3 所示。

表 3 三十个供应商的数据

供应商编号	单价	最大供应量	交货期	拖期概率
1	9	90	8	0.18
2	10	200	9	0.29
3	11	180	6	0.16
4	9.5	100	6	0.11
5	10.5	80	11	0.25
6	11	120	7	0.13
7	8.5	90	10	0.41
8	12	210	7	0.23
9	10	120	8	0.23
10	9	140	9	0.15
11	7.5	145	6	0.17
12	8.2	94	9	0.14
13	9.3	82	8	0.28
14	10.7	173	10	0.32
15	11	80	7	0.24
16	9.8	190	7	0.18
17	8.9	134	10	0.31
18	10.4	122	9	0.13
19	7.9	95	8	0.26
20	8.5	86	7	0.21
21	9.2	75	9	0.12
22	11.3	90	9	0.20
23	11.5	130	8	0.40
24	10.6	158	7	0.12
25	9.1	166	11	0.41
26	7.8	190	10	0.12
27	8.5	95	9	0.20
28	9	85	7	0.12
29	10.6	70	6	0.11
30	8.8	165	8	0.16

附　录　二

一、纯分销商实例描述

为了体现普遍性，在设计分销商成本结构时，除了遵循统一的标准之外，还考虑各个商家具有各自的特性。纯分销商的实例设计，考虑的原则主要包括以下五个方面。

（1）对于交易成本的设计，此处设计为最大交易额的1/10，符合一般客观情况。

（2）10家供应商都是从生产商处进货，然后销售，进货的单位成本都在6.5元左右波动。当分销商购买到货物后，进行销售，价格又受到交易量的影响。一般原则是交易量越大，交易单价就越低；交易量越小，交易单价就越高。不同分销商的最大供应量是不同的，"—"代表无法供应。

（3）不同的分销商由于进货渠道不同，获得的产品的价格也是不同的。例如设计第1家分销商的进货渠道比较好，其成本就低；第6家分销商的进货渠道不好，其成本就比较高。第2家、第5家、第9家、第10家都属于中间阶段的分销商。

（4）设计第3家和第4家分销商的进货成本也比较低，但是第3家和第4家分销商的不同之处在于，第3家的初始价位比较低，而第4家的初始价位比较高。

（5）设计第7家，第8家也具有各自的特点，第7家的交易成本偏高，而第8家的交易成本偏低。

根据以上原则，10家分销商的成本结构如表4所示。

表4 纯分销商的成本结构

供应商	(0 ~ 100]	(100 ~ 200]	(200 ~ 300]	(300 ~ 400]	(400 ~ 500]	(500 ~ 600]	(600 ~ 700]	(700 ~ 800]	最大供应量	交易成本
第1家分销商	8.5	8.4	8	7.6	7.5	7	6.8	6.5	800	480
第2家分销商	13.2	11.76	11.16	10.56	10.08	9.6	8.76	8.4	800	624
第3家分销商	9.2	8.8	8.5	8.4	8	7	6.5	—	700	576
第4家分销商	13	12	10	9	8	7	6.4	—	700	420
第5家分销商	14	13.8	12	9.6	9	8.64	—	—	600	480
第6家分销商	15.6	14.4	13.8	10.8	9.6	9	—	—	600	456
第7家分销商	12	11.4	10.8	9.6	8.5	—	—	—	500	800
第8家分销商	13.2	12.6	11.4	10	8.8	—	—	—	500	200
第9家分销商	11	10.44	9.36	8.64	—	—	—	—	400	336
第10家分销商	11.76	10.44	9	8.4	—	—	—	—	400	300

二、纯生产商实例描述

类似地,纯生产商的实例设计,考虑的原则主要包括以下七个方面。

(1)50家生产商共分5类,每类10个。每一类的最大供应量不同,分别为800、700、600、500、400。对于5类供应商的成本设计,遵循总供应能力越高的供应商,提供相同供应量时的成本相对低一些的设计原则。

(2)生产商的成本曲线不同于分销商。分销商是随着供应批量的增加,成本逐渐降低的,而生产商是先降低再升高的。即当生产商的供应量在正常生产能力范围内的时候,成本随供应批量的上升而降低;当超过正常生产能力,处于不规模经济状态,则成本会随生产量的增加而增加,直到极限生产能力。

(3)对于每一个生产商,在设计的时候,理论上讲,最大超能力生产的成本是高于起初成本的,这也符合一般规律。

(4)生产商的设计是根据前10家分销商来做的,即各个商家的最低商品生产成本为6元/单位,然后其他价格在6元以上波动。

(5)各个生产商的交易成本设计同样遵循了之前的原则,取最大可能交易金额的1/10。

(6)同样为了满足普遍性的要求,在设计时故意将提供相同供应量的生产商进行了不同分类。主要有 8 类：总体正常企业（基准），总体强势企业，总体弱势企业，正常生产能力比较大的企业，正常生产能力比较小的企业，超能力生产后果比较严重的企业，超能力生产后果不严重的企业，整体不均衡企业。

（7）在上述分类的基础上，还穿插了不同的分类，即初始价格比较高的企业，交易成本比较大的企业，设计依据与纯分销商类似。

根据以上原则，50 家生产商的成本结构如表 5 所示。

表 5　　　　　　　　　　纯生产商的成本结构

供应商	(0 ~ 100]	(100 ~ 200]	(200 ~ 300]	(300 ~ 400]	(400 ~ 500]	(500 ~ 600]	(600 ~ 700]	(700 ~ 800]	最大供应量	交易成本
第 1 家生产商	10.0	8.0	7.0	6.8	6.5	7.5	9.0	11.0	800	300
第 2 家生产商	9.8	7.5	7.0	6.2	6.8	7.5	8.0	10.0	800	250
第 3 家生产商	13.0	12.0	10.0	8.0	8.5	9.5	11.5	14.0	800	400
第 4 家生产商	12.0	11.0	9.0	8.0	7.0	6.5	9.0	13.0	800	360
第 5 家生产商	13.0	11.0	8.0	9.0	9.5	10.0	12.5	13.5	800	240
第 6 家生产商	10.0	8.5	7.5	6.5	8.5	10.5	12.5	15.5	800	600
第 7 家生产商	10.0	7.5	6.5	7.5	8.5	9.5	10.5	11.5	800	180
第 8 家生产商	14.0	11.0	8.0	6.0	8.0	11.0	12.0	15.0	800	400
第 9 家生产商	9.0	8.0	7.0	8.5	9.5	10.5	13.0	15.0	800	200
第 10 家生产商	13.0	11.0	9.0	8.0	9.0	10.0	12.0	14.0	800	500
第 11 家生产商	10.5	8.5	7.5	6.5	7.0	8.0	11.0	—	700	240
第 12 家生产商	7.5	6.5	6.2	6.0	6.0	6.5	10.0	—	700	160
第 13 家生产商	12.0	11.0	9.5	7.5	8.5	9.5	13.0	—	700	280
第 14 家生产商	11.0	10.0	9.0	8.0	7.0	9.0	12.5	—	700	350
第 15 家生产商	11.5	9.5	7.5	9.0	11.0	12.0	13.0	—	700	210
第 16 家生产商	10.0	9.5	8.0	7.0	9.0	11.0	14.0	—	700	450
第 17 家生产商	10.0	9.0	8.5	7.5	8.5	9.5	11.0	—	700	400
第 18 家生产商	13.0	10.0	9.0	8.0	9.5	10.5	13.5	—	700	600
第 19 家生产商	9.5	8.5	7.5	6.5	9.5	10.5	13.5	—	700	300
第 20 家生产商	10.0	8.0	6.5	7.0	8.0	9.0	11.0	—	700	200
第 21 家生产商	11.0	9.0	6.5	8.0	10.0	12.0	—	—	600	180

供应商	（0～100]	（100～200]	（200～300]	（300～400]	（400～500]	（500～600]	（600～700]	（700～800]	最大供应量	交易成本
第 22 家生产商	9.0	7.0	6.8	6.5	7.0	9.5	—	—	600	150
第 23 家生产商	13.0	10.0	8.0	8.0	10.0	14.0	—	—	600	320
第 24 家生产商	11.0	9.0	8.0	6.2	9.0	12.0	—	—	600	240
第 25 家生产商	12.0	8.0	9.0	10.0	12.0	13.0	—	—	600	270
第 26 家生产商	11.0	9.0	7.0	10.0	13.0	15.0	—	—	600	210
第 27 家生产商	11.0	9.0	7.0	8.0	9.0	11.5	—	—	600	400
第 28 家生产商	14.0	11.0	7.0	10.0	13.0	15.0	—	—	600	300
第 29 家生产商	9.0	8.0	10.0	11.0	12.0	15.0	—	—	600	200
第 30 家生产商	12.0	10.0	8.0	7.0	10.0	13.0	—	—	600	500
第 31 家生产商	12.0	9.0	7.0	9.0	11.0	—	—	—	500	210
第 32 家生产商	9.0	7.0	6.0	7.5	10.0	—	—	—	500	180
第 33 家生产商	13.0	10.0	8.0	10.0	13.5	—	—	—	500	240
第 34 家生产商	12.0	10.0	8.0	6.5	12.5	—	—	—	500	240
第 35 家生产商	13.0	10.0	11.0	11.5	13.5	—	—	—	500	200
第 36 家生产商	10.0	8.0	7.0	10.0	13.0	—	—	—	500	210
第 37 家生产商	10.0	8.0	7.0	9.0	10.5	—	—	—	500	360
第 38 家生产商	13.0	12.0	8.0	10.0	13.5	—	—	—	500	200
第 39 家生产商	9.0	7.0	6.3	11.0	13.0	—	—	—	500	100
第 40 家生产商	10.0	8.0	8.5	9.5	12.0	—	—	—	500	100
第 41 家生产商	13.0	10.0	12.0	13.5	—	—	—	—	400	200
第 42 家生产商	10.0	8.0	11.0	12.0	—	—	—	—	400	160
第 43 家生产商	14.0	11.0	13.0	14.5	—	—	—	—	400	220
第 44 家生产商	10.0	8.0	7.0	11.0		—	—	—	400	160
第 45 家生产商	13.0	14.0	15.0	15.5	—	—	—	—	400	180
第 46 家生产商	11.0	9.0	12.0	14.0	—	—	—	—	400	160
第 47 家生产商	11.0	9.0	10.0	11.5	—	—	—	—	400	170
第 48 家生产商	12.0	8.0	11.0	12.5	—	—	—	—	400	100
第 49 家生产商	11.0	10.0	11.5	13.5	—	—	—	—	400	200
第 50 家生产商	15.0	11.0	15.0	16.0	—	—	—	—	400	300

三、混合供应商实例描述

在之前设计分销商和生产商的成本结构时，就已经考虑到了此处两类混合的情况，故开始设计的那两类成本结构本质上讲是有关系的。可以粗略的认为10家分销商就是从50家生产供应商那里进行进货的，只不过，有的分销商进货渠道好，获得的货物成本价格低，有的分销商进货渠道不好，获得的货物成本价格高。但总体来讲，整体上分销商的成本结构是比生产商要高的，因为生产商在卖货的时候总会获取一定的利润值，这样设计也符合一般规律。基于此，混合供应商的成本结构就是直接将两大类供应商的成本数据放在一起，而不需要其他改动，即10家分销商与50家生产商同时参与竞标。由于数据太多，在此就不再列出。

附　录　三

一、五种产品的实例描述

算例1：假设采购商需要通过电子逆向拍卖采购 5 种产品，最大组合数为 3，有 10 个供应商参与投标，投标的各项数据如表 6 所示。

表 6　　　　　　　　　　　　　算例 1 数据

序号	标的	组合数	报价
1	1	1	10
2	2	1	10
3	3	1	10
4	4	1	10
5	5	1	10
6	1，2	2	18
7	1，3，5	3	27
8	1，4	2	19
9	2，5	2	17
10	3，5	2	18

二、十种产品的实例描述

算例2：假设采购商需要通过电子逆向拍卖采购 10 种产品，最大组合数为3，有30个供应商参与投标，投标的各项数据如表7所示。

表7 算例2数据

序号	标的	组合数	报价
1	2，4，8	3	2407.19
2	6，8，9	3	2309.00
3	6，8，10	3	2224.43
4	2，4，5	3	2145.06
5	7，9，10	3	2067.01
6	2，4，6	3	2040.48
7	2，6，9	3	1998.80
8	3，5，8	3	1881.22
9	8，9	2	1798.28
10	1，4，5	3	1652.16
11	3，6，10	3	1646.92
12	2，6，7	3	1620.68
13	5，9	2	1518.77
14	6，8	2	1478.81
15	2，10	2	1469.68
16	6，10	2	1410.36
17	3，9	2	1135.49
18	6，7	2	1022.73
19	1，4	2	943.72
20	8	1	906.36
21	9	1	840.56
22	4	1	827.86
23	10	1	771.94
24	5	1	626.50
25	2	1	607.23
26	1，7	2	566.87
27	6	1	531.89

序号	标的	组合数	报价
28	7	1	415.26
29	3	1	273.97
30	1	1	101.12

三、三十种产品的实例描述

算例3：假设采购商需要通过电子逆向拍卖采购30种产品，最大组合数为10，有100个供应商参与投标，投标的各项数据如表8所示。

表8　　　　　　　　　　　　　　算例3 数据

序号	标的	组合数	报价
1	1, 2, 3, 8, 9, 12, 19, 21, 26, 30	10	5911.97
2	2, 8, 9, 12, 13, 22, 27, 28	8	5691.19
3	7, 9, 14, 15, 18, 21, 22, 23, 26, 29	10	5473.69
4	2, 5, 8, 10, 13, 18, 19, 26, 28	9	5421.04
5	5, 7, 8, 9, 12, 21, 28	7	5317.62
6	2, 6, 7, 10, 12, 16, 21, 22, 24, 25	10	5048.06
7	3, 4, 5, 6, 10, 18, 20, 23, 26, 27	10	5017.25
8	2, 3, 7, 9, 13, 14, 19, 24, 27, 28	10	4988.19
9	5, 6, 13, 14, 17, 18, 20, 24, 28, 29	10	4737.31
10	1, 3, 4, 6, 7, 14, 24, 27, 28	9	4730.57
11	4, 7, 12, 14, 16, 20, 21, 28	8	4653.93
12	6, 12, 14, 18, 21, 26, 29	7	4554.07
13	1, 3, 5, 7, 12, 13, 18, 19, 24, 29	10	4501.74
14	2, 3, 4, 10, 16, 19, 20, 24, 27, 29	10	4411.15
15	5, 9, 10, 11, 19, 22, 26, 29	8	4385.81
16	5, 6, 9, 13, 15, 16, 18, 22, 25	9	4319.50
17	1, 2, 4, 6, 7, 18, 19, 22, 26	9	4147.58
18	2, 4, 12, 15, 16, 22, 23, 26	8	4009.91

续表

序号	标的	组合数	报价
19	2, 5, 6, 11, 15, 16, 20, 21	8	3843.33
20	2, 3, 5, 9, 17, 22, 29	7	3771.41
21	2, 5, 18, 19, 22, 25, 27, 28	8	3762.80
22	2, 3, 6, 17, 19, 20, 21, 30	8	3759.76
23	5, 9, 10, 13, 14, 16	6	3727.92
24	1, 2, 5, 16, 20, 21, 22, 24, 25	9	3487.54
25	1, 4, 12, 15, 19, 22, 26	7	3424.16
26	7, 8, 11, 17, 19, 23, 24, 26, 27	9	3421.61
27	1, 6, 12, 16, 18, 23, 26, 27	8	3372.78
28	9, 10, 14, 26, 30	5	3291.00
29	2, 6, 8, 11, 12, 24	6	3286.45
30	4, 7, 9, 17, 20, 28	6	3178.57
31	12, 17, 21, 26, 29	5	3152.58
32	5, 7, 8, 14, 24, 26	6	3138.97
33	2, 4, 6, 16, 19, 20, 26	7	3013.44
34	8, 18, 21, 29	4	3009.18
35	10, 16, 22, 24, 25, 27, 29	7	2911.43
36	3, 5, 12, 21	4	2830.77
37	3, 11, 15, 18, 19, 21, 23	7	2823.74
38	6, 14, 18, 27, 30	5	2809.75
39	5, 7, 11, 13, 16, 18, 25	7	2786.43
40	3, 7, 14, 17, 21, 23	6	2700.14
41	14, 18, 19, 20, 22, 25, 26	7	2577.88
42	4, 11, 17, 28, 29	5	2569.65
43	12, 15, 16, 21, 24	5	2507.22
44	6, 8, 17, 23, 28	5	2460.64
45	10, 21, 28	3	2418.33
46	5, 6, 8, 19	4	2385.87
47	4, 5, 10, 25	4	2362.74

序号	标的	组合数	报价
48	11, 12, 17, 19, 24, 29	6	2308.03
49	10, 12, 16, 20, 25	5	2176.91
50	10, 13, 30	3	2161.70
51	3, 5, 6, 18, 20	5	2155.11
52	1, 4, 19, 23, 29	5	2043.32
53	1, 13, 14, 16, 19, 23	6	1990.98
54	5, 7, 11, 18, 23	5	1960.90
55	22, 25, 27, 29	4	1859.23
56	16, 21, 29	3	1837.22
57	3, 4, 28	3	1720.61
58	21, 29	2	1646.58
59	7, 14, 16, 18	4	1851.80
60	1, 2, 5, 25	4	1528.14
61	8, 27	2	1508.13
62	6, 11, 30	3	1480.77
63	12, 18	2	1374.55
64	4, 20	2	1161.88
65	1, 4, 17	3	1122.63
66	11, 14, 20	3	1073.89
67	21	1	989.67
68	11, 28	2	910.62
69	8	1	906.36
70	12	1	873.00
71	9	1	840.55
72	4	1	827.86
73	16, 29	2	794.94
74	10	1	771.94
75	13	1	739.45
76	30	1	646.44

序号	标的	组合数	报价
77	29	1	641.58
78	5	1	626.50
79	28	1	614.06
80	2	1	607.22
81	27	1	578.49
82	14	1	562.18
83	6	1	531.88
84	22	1	501.12
85	26	1	440.09
86	3, 16	2	430.59
87	18	1	428.00
88	7	1	415.26
89	1, 3	2	410.60
90	15	1	373.59
91	3	1	273.97
92	11	1	256.69
93	20	1	249.30
94	19	1	232.58
95	23	1	207.17
96	17	1	182.26
97	16	1	113.48
98	25	1	108.02
99	24	1	104.20
100	1	1	101.12

四、四十种产品的实例描述

算例 4：假设采购商需要通过电子逆向拍卖采购 40 种产品，最大组合数为 8，有 150 个供应商参与投标，投标的各项数据如表 9 所示。

表 9 算例 4 数据

序号	投标	组合数	报价
1	1	1	80.30
2	2	1	196.70
3	3	1	27.20
4	4	1	191.35
5	5	1	86.00
6	6	1	227.21
7	7	1	91.64
8	8	1	413.60
9	9	1	121.47
10	10	1	131.01
11	11	1	132.28
12	12	1	132.46
13	13	1	210.66
14	14	1	161.11
15	15	1	103.06
16	16	1	103.95
17	17	1	26.70
18	18	1	21.45
19	19	1	27.50
20	20	1	37.07
21	21	1	19.61
22	22	1	48.00
23	23	1	59.67
24	24	1	25.54
25	25	1	124.03
26	26	1	183.64
27	27	1	460.03
28	28	1	6.12
29	29	1	18.96

序号	投标	组合数	报价
30	30	1	107.11
31	31	1	82.70
32	32	1	110.05
33	33	1	255.59
34	34	1	461.94
35	35	1	264.74
36	36	1	34.69
37	37	1	74.63
38	38	1	39.47
39	39	1	191.35
40	40	1	81.30
41	1，2	2	265.50
42	3，4	2	193.25
43	5，6	2	304.02
44	7，8	2	430.15
45	9，10	2	241.25
46	11，12	2	262.57
47	13，14	2	361.86
48	15，16	2	185.75
49	17，18	2	40.30
50	19，20	2	58.39
51	21，22	2	51.12
52	23，24	2	77.69
53	25，26	2	284.20
54	27，28	2	457.00
55	29，30	2	121.89
56	31，32	2	184.16
57	33，34	2	697.68
58	35，36	2	283.21

续表

序号	投标	组合数	报价
59	37，38	2	60.07
60	39，40	2	241.97
61	1，40	2	144.48
62	2，39	2	320.55
63	3，38	2	62.69
64	4，37	2	156.64
65	5，36	2	106.90
66	6，35	2	447.50
67	7，34	2	519.14
68	8，33	2	593.95
69	9，32	2	206.90
70	10，31	2	203.67
71	11，30	2	235.56
72	12，29	2	146.06
73	13，28	2	204.27
74	14，27	2	567.51
75	15，26	2	247.43
76	16，25	2	198.90
77	17，24	2	41.56
78	18，23	2	49.01
79	19，22	2	42.47
80	20，21	2	51.84
81	1，2，3	3	280.27
82	4，5，6	3	367.58
83	7，8，9	3	506.97
84	10，11，12	3	365.04
85	13，14，15	3	379.17
86	16，17，18	3	128.54
87	19，20，21	3	67.09

续表

序号	投标	组合数	报价
88	22，23，24	3	72.46
89	25，26，27	3	712.91
90	28，29，30	3	122.50
91	31，32，33	3	424.25
92	34，35，36	3	688.72
93	37，38，39，40	4	233.64
94	1，2，40	3	303.47
95	3，38，39	3	156.27
96	4，5，37	3	187.26
97	6，35，36	3	439.04
98	7，8，34	3	821.32
99	9，32，33	3	447.67
100	10，11，31	3	307.30
101	12，29，30	3	235.63
102	13，14，28	3	291.12
103	15，26，27	3	678.60
104	16，17，25	3	210.22
105	18，23，24	3	60.43
106	19，20，21，22	4	90.52
107	2，3	2	197.26
108	7，8，9，10	4	594.39
109	11，12，13，14，15	5	578.22
110	16，17，18，19，20，21	6	186.15
111	22，23，24，25，26，27，28	7	767.08
112	29，30，31，32，33，34	6	953.20
113	35，36，37，38，39，40	6	477.31
114	1，2，3，4	4	345.34
115	5，6，7，8	4	611.12
116	9，10，11，12	4	432.99

序号	投标	组合数	报价
117	13，14，15，16	4	418.13
118	17，18，19，20	4	76.85
119	21，22，23，24	4	75.86
120	25，26，27，28	4	689.53
121	29，30，31，32	4	278.69
122	33，34，35，36	4	910.08
123	1，2，39，40	4	382.23
124	3，4，37，38	4	172.58
125	5，6，35，36	4	482.48
126	7，8，33，34	4	1013.45
127	9，10，31，32	4	373.54
128	11，12，28，30	4	323.66
129	13，14，26，27	4	827.44
130	15，16，24，25	4	258.91
131	17，19，20，21，22，23	6	120.21
132	1，2，5，6	4	441.78
133	2，3，7，8	4	451.17
134	9，10，13，14	4	446.57
135	11，12，15，16	4	342.27
136	21，22，26，27	4	594.84
137	23，24，30，31	4	203.36
138	32，33，37，39	4	429.15
139	34，35，36，40	4	695.75
140	2，4，7，8，11	5	655.71
141	5，6，9，10，12	5	503.46
142	13，14，20，23，30	5	380.74
143	15，16，26，27，31	5	768.50
144	32，33，34，35，36，39，40	7	1087.15
145	2，4，5，6，7	5	516.88

序号	投标	组合数	报价
146	8，10，12，14，16	5	644.37
147	9，11，13，15，26	5	523.07
148	27，31，34，39	4	938.26
149	30，32，35，40	4	428.96
150	2，4，8，10，15，27，30，39	8	1104.18

参 考 文 献

[1] 鲍娜，张德贤，孙傲冰，王飞．基于改进蚁群算法的网格组合拍卖资源分配 [J]．计算机技术与发展，2009，19（10）：149－151，155.

[2] 陈胜利，吴辉球，罗云峰．多物品最优网上动态拍卖设计 [J]．山东大学学报（工学版），2008，38（2）：120－126.

[3] 陈培友．电子商务中组合拍卖的模型与优化方法研究 [D]．沈阳：东北大学博士学位论文，2004.

[4] 杜江萍．电子商务概论 [M]．上海：上海财经大学出版社，2009.

[5] 傅丽芳，冯玉强．基于关联规则分析的组合拍卖竞胜标决定算法 [J]．系统管理学报，2008，17（5）：504－508.

[6] 甘荣伟，郭清顺，常会友，衣杨．获胜者确定问题的启发规则与改进蚁群算法 [J]．小型微型计算机系统，2009，30（8）：1635－1638.

[7] 呼大永，冯玉强，唐振宇，钱巍．基于自组织神经网络和 DEA 的采购拍卖获胜者确定问题模型 [J]．系统工程理论与实践，2012，32（2）：398－404.

[8] 姜宏宇．基于协商的虚拟企业完工风险管理研究 [D]．沈阳：东北大学硕士学位论文，2010.

[9] 黄敏，钱小虎，金东洋，王兴伟．成本结构离散的两属性电子逆向拍卖机制设计 [J]．系统工程学报，2016，31（1）：88－100.

[10] 黄京华，闻中．电子商务教程 [M]．北京：清华大学出版社，2010.

[11] 刘树林，汪寿阳，黎建强．投标与拍卖的几个数学模型 [J]．管理科学学报，1998，1（2）：11－16.

[12] 钱巍，冯玉强，唐振宇．基于有穷损害优先法求解组合拍卖竞胜标问题研究 [J]．运筹与管理，2012，21（3）：144－147.

［13］钱小虎，黄敏，高太光，徒君．基于 BOCR 与 Choquet 积分的多属性逆向拍卖决策［J］．工业工程，2013，16（6）：54－59．

［14］祁宁，汪定伟．XOR 标集的逆向组合拍卖的获胜者确定问题［J］．系统工程学报，2013，28（6）：748－755．

［15］舒丹，俞海，汪寿阳，陈收，黎建强．拍卖与在线拍卖［M］．长沙：湖南大学出版社，2007．

［16］唐大宏，陈斑．多层决策问题算法的综述［J］．控制与决策，1989，5：49－56．

［17］王飞，徐肖豪，张静，陈凯．GHP 时隙分配问题的组合拍卖竞胜标模型与算法［J］．系统工程，2010，28（2）：30－35．

［18］Alaei R，Setak M. Selecting unique suppliers through winner determination in combinatorial reverse auction：Scatter search algorithm［J］．Scientia Iranica Transactions E：Industrial Engineering，2017，24（6）：3297－3307．

［19］Amelinckx I，Muylle S，Lievens A. Extending electronic sourcing theory：An exploratory study of electronic reverse auction outcomes［J］，Electronic Commerce Research and Applications，2008，7（1）：119－133．

［20］Bandyopadhyay S，Rees J，Barron J. M. Simulating sellers in online exchanges［J］，Decision Support Systems，2006，41（2）：500－513．

［21］Beall S，Carter C，Carter P L，et al. The role of reverse auctions in strategic sourcing［R］．Tempe：CAPS Rearch，2003．

［22］Boughaci D，Benhamou B，Drias H. A memetic algorithm for the optimal winner determination problem［J］．Soft Computing，2009，13：905－917．

［23］Buer T，Kopfer H. A Pareto-metaheuristic for a bi-objective winner determination problem in a combinatorial reverse auction［J］．Computers & Operations research，2014，41：208－220．

［24］Caniëls M C J，Raaij E M. Do all suppliers dislike electronic reverse auctions?［J］．Journal of Purchasing and Supply Management，2009，15（1）：12－23．

［25］Carter C R，Stevens C K. Electronic reverse auction configuration and its impact on buyer price and supplier perceptions of opportunism：A laboratory experiment［J］．Journal of Operations Management，2007，25（5）：1035－1054．

［26］ Chaturvedi A, Beil DR, Martínez-de-Albéniz V. Split-award auctions for supplier retention ［J］. Management Science, 2014, 60 (7): 1719 – 1737.

［27］ Che Y-K. Design competition through multidimensional auctions ［J］. RAND Journal of Economics, 1993, 24 (4): 668 – 680.

［28］ Che Y-K, Gale I. Standard auctions with financially constrained bidders ［J］. Review of Economic Studies, 1998, 65 (1): 1 – 21.

［29］ Chen F. Auctioning supply contracts ［J］. Management Science, 2007, 53 (10): 1562 – 1576.

［30］ Cheng C B. Solving a sealed-bid reverse auction problem by multiple-criterion decision-making methods ［J］. Computers and Mathematics with Applications, 2008, 56 (12): 3261 – 3274.

［31］ Daly S P, Nath P. Reverse auctions for relationship marketers ［J］. Industrial Marketing Management, 2005, 34 (2): 157 – 166.

［32］ Diamond P, Vartiainen H. Behavioral economics and its applications ［M］. New Jersey: Princeton University Press, 2012.

［33］ Emiliani M L, Stec D J. Aerospace parts suppliers' reaction to online reverse auctions ［J］. Supply Chain Management: An International Journal, 2004, 9 (2): 139 – 153.

［34］ Engelbrecht-Wiggans R, Katok E. Regret and feedback information in first-price sealed-bid auctions ［J］. Management Science, 2008, 54 (4): 808 – 819.

［35］ Escudero L F, Landete M, Marín A. A branch-and-cut algorithm for the winner determination problem ［J］. Decision Support Systems, 2009, 46: 649 – 659.

［36］ Garcia C. Winner determination algorithms for combinatorial auctions with sub-cardinality constraints ［J］. Computational Economics, 2016, 47: 401 – 421.

［37］ Gao G X. Sustainable winner determination for public-private partnership infrastructure projects in multi-attribute reverse auctions ［J］. Sustainability, 2018, 10: 4129.

［38］ Graham D A, Marshall R C. Collusive bidder behavior at single-object second-price and English auctions ［J］. Journal of Political Economy, 1987, 95 (6): 1217 – 1239.

［39］ Gumussoy C A, Calisir F. Understanding factors affecting e-reverse auction use: An integrative approach [J], Computers in Human Behavior, 2009, 25 (4): 975 – 988.

[40] Huang M, Qian X, Fang SC, Wang X. Winner determination for risk aversion buyers in multi-attribute reverse auction [J]. Omega, 2016, 59: 184 – 200.

[41] Hur D, Manert V A, Hartley J L. Getting the most out of reverse e-auction investment [J], Omega, 2007, 35 (4): 403 – 416.

[42] Jap S D. The impact of online reverse auction design on buyer-supplier relationships [J]. Journal of Marketing, 2007, 71 (1): 146 – 159.

[43] Krishna V. Auction theory [M]. Massachusetts: Academic Press, 2009.

[44] Landete M, Monge J F, Rodríguez-Chía A M. Alternative formulations for the set packing problem and their application to the winner determination problem [J]. Annals of Operations Research, 2013, 207: 137 – 160.

[45] Lee C W, Wong W P, Ignatius J, Rahman A, Tseng ML. Winner determination problem in multiple automated guided vehicle considering cost and flexibility [J]. Computers & Industrial Engineering, 2020, 142: 106337.

[46] Lin G, Zhu W, Ali M M. An effective discrete dynamic convexized method for solving the winner determination problem [J]. Journal of Combinatorial Optimization, 2016, 32: 563 – 593.

[47] Ma Z, Kwon R H, Lee C G. A stochastic programming winner determination model for truckload procurement under shipment uncertainty [J]. Transportation Research Part E: Logistics and Transportation Review, 2010, 46: 49 – 60.

[48] Mansouri B, Hassini E. A Lagrangian approach to the winner determination problem in iterative combinatorial reverse auctions [J]. European Journal of Operational Research, 2015, 244: 565 – 575.

[49] Maskin E, Riley J. Asymmetric auctions [J]. Review of Economic Studies, 2000, 67 (3): 413 – 438.

[50] McAfee R P, McMillan J. Bidding rings [J]. American Economic Review, 1992, 82 (3): 579 – 599.

[51] Myerson R B. Optimal auction design [J]. Mathematics of Operations Research, 1981, 6 (1): 58 – 73.

[52] Qian X, Huang M, Yu Y, Wang X. Winner determination problem with

loss-averse buyers in reverse auctions [J]. Frontiers of Engineering Management, 2017, 4 (2): 212 – 220.

[53] Qian X, Huang M, Lee L H, Wang X, Tang S. Mechanism design of unknown bidding preference and discrete cost structure in multi-attribute reverse auctions [J]. IEEE Access, 2019a, 7 (1): 68540 – 68556.

[54] Qian X, Fang S C, Huang M, Wang X. Winner determination of loss-averse buyers with incomplete information in multiattribute reverse auctions for clean energy device procurement [J]. Energy, 2019b, 177: 276 – 292.

[55] Qian X, Chan F T S, Yin M, Zhang Q, Huang M, Fu X. A two-stage stochastic winner determination model integrating a hybrid mitigation strategy for transportation service procurement auctions [J]. Computers & Industrial Engineering, 2020, 149: 106703.

[56] Qian X, Fang SC, Yin M, Huang M, Li X. Selecting green third party logistics providers for a loss-averse fourth party logistics provider in a multiattribute reverse auction [J]. Information Sciences, 2021, 548: 357 – 377.

[57] Rekik M, Mellouli S. Reputation-based winner determination problem for combinatorial transportation procurement auctions [J]. Journal of the Operational Research Society, 2012, 63 (10): 1400 – 1409.

[58] Remli N, Amrouss A, Hallaoui I E, Rekik M. A robust optimization approach for the winner determination problem with uncertainty on shipment volumes and carriers' capacity [J]. Transportation Research Part B: Methodological, 2019, 123: 127 – 148.

[59] Remli N, Rekik M. A robust winner determination problem for combinatorial transportation auctions under uncertain shipment volumes [J]. Transportation Research Part C: Emerging Technologies, 2013, 35: 204 – 217.

[60] Schoenherr T, Mabert V A. A comparison of online and offline procurement in B2B markets: results from a large-scale survey [J]. International Journal of Production Research, 2011, 49 (3): 827 – 846.

[61] Sheffi Y. Combinatorial auctions in the procurement of transportation services [J]. Interfaces, 2004, 34 (4): 245 – 252.

[62] Standaert W, Muylle S, Amelinckx I. An empirical study of electronic

reverse auction project outcomes [J]. Electronic Commerce Research and Applications, 2015, 14 (2): 81 – 94.

[63] Takalloo M, Bogyrbayeva A, Charkhgard H, Kwon C. Solving the winner determination problem in combinatorial auctions for fractional ownership of autonomous vehicles [J]. International Transactions in Operational Research, 2021, 28 (4): 1658 – 1680.

[64] Teich J E, Wallenius H, Wallenius J, Zaitsev A. A multi-attribute e-auction mechanism for procurement: Theoretical foundations [J]. European Journal of Operational Research, 2006, 175 (1): 90 – 100.

[65] Tunca T I, Wu D J, Zhong F. An empirical analysis of price, quality, and incumbency in procurement auctions [J]. Manufacturing & Service Operations Management, 2014, 16 (3): 346 – 364.

[66] Tversky A, Kahneman D. Advances in prospect theory: Cumulative representation of uncertainty [J]. Journal of Risk and Uncertainty, 1992, 5 (4): 297 – 323.

[67] Vangerven B, Goossens D R, Spieksma F C R. Winner determination in geometrical combinatorial auctions [J]. European Journal of Operational Research, 2017, 258: 254 – 263.

[68] Vickrey W. Counterspeculation, auctions, and competitive sealed tenders [J]. Journal of Finance, 1961, 16 (1): 8 – 37.

[69] Wagner S M, Schwab A P. Setting the stage for successful electronic reverse auctions [J], Journal of Purchasing and Supply Management, 2004, 10 (1): 11 – 26.

[70] Wan Z, Beil D R. RFQ auctions with supplier qualification screening [J]. Operations Research, 2009, 57 (4): 934 – 949.

[71] Wang S, Qu S, Goh M, Wahab MIM, Zhou H. Integrated multi-stage decision-making for winner determination problem in online multi-attribute reverse auctions under uncertainty [J]. International Journal of Fuzzy Systems, 2019, 21 (8): 2354 – 2372.

[72] Wu Q, Hao J K. A clique-based exact method for optimal winner determination in combinatorial auctions [J]. Information Sciences, 2016, 334:

103 – 121.

[73] Wu Q, Hao J K. Solving the winner determination problem via a weighted maximum clique heuristic [J]. Expert Systems with Applications, 2015, 42: 355 – 365.

[74] Yang F, Huang Y H, Li J. Alternative solution algorithm for winner determination problem with quantity discount of transportation service procurement [J]. Physica A: Statistical Mechanics and its Applications, 2019, 535: 122286.

[75] Zeelenberg M. Anticipated regret, expected feedback and behavioral decision making [J]. Journal of Behavioral Decision Making, 1999, 12 (2): 93 – 106.

[76] Zhang B, Ding H, Li H, Wang W, Yao T. A sampling-based stochastic winner determination model for truckload service procurement [J]. Networks and Spatial Economics, 2014, 14: 159 – 181.

[77] Zhang B, Yao T, Friesz TL, Sun Y. A tractable two-stage robust winner determination model for truckload service procurement via combinatorial auctions [J]. Transportation Research Part B: Methodological, 2015, 78: 16 – 31.

[78] Zhang H, Cai S, Luo C, Yin M. An efficient local search algorithm for the winner determination problem [J]. Journal of Heuristics, 2017, 23 (5): 367 – 396.